U0107203

我盼望将来的全球化，是一个有各地若干范围内特色和专长，以此基础发展出彼此尊重、互相容忍、合作共赢的"全球化"。

———许倬云

九州天下

中国文化与中国人

陆挺 主编

许倬云 等 著

东南大学出版社
SOUTHEAST UNIVERSITY PRESS

博集天卷
CS-BOOKY

·南京·

目录

第 一 编

历史
与中国人

什么叫"中国"？

什么叫"华夏"？

中国的 56 个民族怎样形成？

历史如何运动，是谁在支配历史的命运？

第 二 编

文化的
"本位性"

文化是什么？

中国文化的核心在哪，拥有怎样的精神结构？

我们该如何从中国传统文化中汲取安身立命的智慧？

第　一　编　# 历史
与中国人

历史如何运动，是谁在支配历史的命运？

中国的56个民族怎样形成？

什么叫「华夏」？

什么叫「中国」？

从"中国之中国" "世界之中国" 到"世界之世界"

许倬云

一、《万古江河：中国历史文化的转折与开展》：为百姓写史

我一辈子从事史学研究工作，最为人所熟知者，或许就是《万古江河》。这本书，不是作为通常历史教科书或者一般的通史而写的，而是有我自己的想法：为普通老百姓写史。

以中国的史学传统言之，司马迁的《史记》和班固的《汉书》，这两部书并称"史汉"。其所关注的不仅是政治以及王侯将相的历史，还有商业、社会、交通等问题，尤其注重记录老百姓中一些特殊人物的事迹。二十四史之中，《史记》《汉书》以下，对老百姓的事情，以及一般社会、经济、文化等方面的现象，甚少关注。

及至近代，才出现了多种通史著作。其中我得益最多者，则是钱穆先生的《国史大纲》。他在书中讲了很多文化现象，但是主要还是上层的思想史，至于一般老百姓的思想、生活，其中也着墨不多。这一情况，我个人觉得还可以有续貂的空间。

我终身从事研究工作，是从社会经济起手，然后扩展到文化史研究。常常有人问我：某一项目，在何处可以找到相关论述？举例言之，我曾在一家旅馆吃饭，主人亲自出来招待。他询问：中国菜种类繁多的烹饪方法，是从何时、何地开始的？我一想，中国通史上的确少见交代。此后两三个月，有饮食文化研究会找我去讲演，我的演讲题目就关注中国"小炒菜"的起源。为什么中国人选择做"小炒菜"？一般而言，大碗喝酒、大块吃肉，岂不更为方便？小炒菜却是"小口吃肉"。据那次演讲整理而成的短文，被台湾的《寻根》杂志刊载，引起不小反响。这些零碎小事，与我们日常生活、衣食住行、风俗信仰都有关系。过去也可见于载籍，只是散落于笔记题材的文集中，通常不被人注意。

内人也常说道：她常常被人问及——你们夫妻二人都学历史，能否介绍一本我们看得懂的中国通史？据他们的反馈：一些思想史虽然写得很好，但所论述的都是大问题或过于思辨的问题，而且引经据典，一般人不容易看懂。对于这一问题，我常感无以作答。于是我觉得：既然我们自己是老百姓的一员，对于和一般生活有关的大小事，我们学历史的人就应该有所交代。这是我写作《万古江河》一书，最初的动机。

然而，更为重要的动因则是：我想告诉我们的同胞，中国的疆域并非自古以来就是如此的广土众民，而是逐渐发展的结果。几千年来，中国这一文化体自成局面，也有自己的发展过程。除了常在世界各地走动的人，我们大多数同胞心目中的世界地图上，中国边界以外的其他地区，大致只是模糊的印象，近似中古时代欧洲人画的世界地图，徒具轮廓而已。国人惯有的想法，更为常见者则是"中原中心论"。

至于史书上记载的外族名称，往往是"中原中心论"的投影。例如，"夷"的字形，是一个人背着长弓；"狄"的字形，则描绘的是人在草原上，"有狗有火"就能生活；"蛮"并不是"虫"，而是一个头上梳了两条盘髻的人蹲在地上的形象；"戎"则是"背着干戈的人"。这四个字，从其字根而言，最初只是描绘人们的生活形态；然而，演变到后来，却反映了中国人"自豪的偏见"。时至今日，当年"蛮、夷、戎、狄"的生活圈，早已被纳入今日腹地；昔日的敌人，今日已是同胞。

我在海外生活，常常碰到一些热心的爱国同胞说起："我们中国人特别优秀，你看学校里功课最好的都是中国人。"我则常常对他们讲："每个人的资质各有不同，不能一概而论，更不能以种族泛论。"这种自大的、自我中心的态度，是几千年来"中华帝国""天朝上国"这些观念的延续。在东亚世界的历史中，中国确实保持了相当时期的优越。然而，在近代中国曾经吃过大亏，东洋、西洋的外人，都曾经将中国"打翻在地"。

如果我们要在国际社会有平顺的日子，就必须放弃过去的优越感。举例言之：住在一个村子里，有一家"破落户"，若是常常自夸祖上的荣耀，并以此看不起别人，则其邻里如何与其和平相处？

让我深受感召的梁启超先生，原本要写一部中国通史，可惜天不假年，只完成了一篇"绪论"。他说，"中国"是从"中原"开始演化为中国，"中原之中国"慢慢扩张成为"中国之中国"，然后超越中国本部，慢慢将四邻吸纳进来，经由文化交往，形成"东亚之中国"。最终，在亚洲范围内，中国成为重要的一分子；而"东亚之中国"，必然要进入世界，成为"世界之中国"。梁先生写的这篇绪论，发表于百年之前，真是目光如炬！

今日世界的格局，已经如梁先生当年所说，是"全球一体"。所以，我在《万古江河》序言中，特别感激梁先生的提示：正是由于这一观点，我得以一步一步，终身投入讨论"中国历史展开"的工作。我自己最初研究的范围是上古史，正是梁先生所谓"中原之中国"时代的"中原"。后来，我的研究往两个方向延伸：一者往下，延伸到汉代；一者往上，追溯到商周，乃至新石器时代。

二、多元互动形成的"中原之中国"

我曾有机缘，以十年时间，由国内的考古学家引领，到各处考古遗址现场，亲眼观察考古学家，观察他们如何整理这些遗址和遗物。那十年间，我获益良多，对于张忠培、郭大顺等考古先进，至今感念。由此实地探察的机缘，我越发清晰明白："中原"并非一天形成，而是有其漫长的发展、融合的过程。

古代中国的土地上，有如此多不同族群曾经逐步开展各自独特的生活形态，也开发了不少谋生的资源。这些族群与族群之间，谁也不是"上等"，谁也并非"下等"，彼此间也并无"内外之分"——地球是圆的，任何地方都可以作为中心。那一阶段，我才开始思考：这些古人，散居各处，如何运用自己的智慧和体力，获取生活资源？又如何彼此聚合，构成为群体？

已故考古学家苏秉琦先生，是我极其尊重的前辈。在几十年前，中国考古史学界曾经有一段时期受制于"单一理论"的预设，偏重于"单线的演化论"。苏先生却在如此风气下，根据实证过程，按"证据"说话，指出各地地方性文化，如何彼此影响、如何逐步演化，而逐渐建构成一个有中国特色的古代文化区——这就是他所提出的"区、系、类、型"学说。苏先生认为：每一地区都有自己的区域性的文化圈，文化圈内又有不同的类别与发展系统。他根据新石器时代晚期的现象，将中国划分为六七个文化区，每一地区都存在若干层次的次级系统。如果我们追溯到新石器时代初期，当时"区"还未形成，"系"和"类""型"也未成形，每个地方都是"以当地资源过当地的日子"。此后，经由互相学习和交换，包括知识的交流以及人口移动，慢慢才并合为一条一条的演变线索，终于合并为几大文化区。苏先生的这一套理论，与梁先生当年提出的理论几乎完全合拍。只不过，梁先生的论述是从"中原"开始，苏先生则更为注重"古代中原"的发展。

我自己的追溯，是中国的发展形态：公元前三千年左右，中原地区可以看到两条并行而对向的发展线索——一条是陕西西安的"半坡文化"，另一条则是河南陕州古城南代表的"庙底沟文化"。今日回顾当年的想法，我却更以为：中国的"中原"，假如以黄河流域为本体，那是一条重要的线索。各处遗址反映的，从东往西，以及从西往东，各自相遇之后，整体形成了一条延续线，每一个据点都具有东西两端的特色；而愈靠东边，东方色彩愈浓；愈靠西面，西方色彩愈浓；因此，几乎就在两端的正中央处，就出现了具有代表性的综合特色——"庙底沟二期"恰巧是东西中点的标准型。

而另一方面，黄河以南，从川北直到包含整个长江流域，是另一条并行的文化区；江、河两条文化区之外，还有从山东直到广东的沿海区，则又有其自身进退转移的过程——这三大区域之间，不断交错、互相影响，每一地区的发展，都会影响到其他地区。如此广土众民的古代中国，其发展过程之复杂、发展成果之丰富，都是后世中国文化的基础。今日按图索骥，往往令人惊叹：各处转变的轨迹，确实与苏秉琦先生安排的型态可以互相印证。

"文化"的意思，从考古学意义上讲，就是重建古人衣食住行的生活细节——考古学家主要经由发掘古代用品的残留，以获得这些线索。如前所述，"半坡文化"与"庙底沟文化"两大系统，终于在中间相遇而融合。

以"半坡文化"出土的生活用具而言，渔猎工具众多，反映了其生活方式以渔猎为主；而"庙底沟文化"出土的农具占多，乃是典型的农业文化。如此双向平行展开，犹如本来是孪生弟兄，各别发展的过程，就会将彼此之间各自的特色融合为一。"庙底沟"的农业文化日积月累，其农业所占比例逐渐显著，其文化渗透力也因此而强大——这一文化的强大，相对于前述渔猎文化而言，就使得"庙底沟系统"呈现出社会和经济的优势。

于是，"庙底沟文化"的线索，东向发展到黄河下游三角洲的顶点，逐渐成为黄河下游流域典型的农业文化。其中，也并不一定意味着这是当时中国东部最高级的文化或生活方式。例如，在东北角落的"红山文化"，时代早于"庙底沟文化"，却有丰富的内容：其玉器、玉刻的精致，以及遗址中包含的神庙、大墓等等，能够确实反映社会的复杂性。如果将"红山"与"良渚"之间，看作文化传播的连续，则沿着中国东海到南海岸之间，也有一条文化发展的延续线。类似如此大规模的聚落，在东南部今

九州天下：中国文化与中国人

日江浙地区的"良渚文化""河姆渡文化",也有大量的玉刻遗物,更有各种祭祀和居住的"垫土"基础,其上则建构复杂的木结构建筑物。当然,由于各处纬度的差别与水源的丰啬,南方的"良渚文化"竟发展为水稻文化的祖源之一,而且水稻成为高产作物,更呈现出东南地区文化的复杂性。

在长江中游的"石家河文化",那些聚落成群出现,构成了"都市群"的形象。而山东"大汶口文化",其高温烧制的黑陶,以及人口繁多的聚落,也反映了这一地方性文化的发展高度。只是,"大汶口文化"居然就逐渐扩散,在本地反而萎缩了。这一现象,我认为是由于在中纬度以上的沿海地带,农业的顺利发展,有赖于太平洋的季候风带来的水汽。如果气候有所变化——而在距今四千年前,确实在整个东亚甚至包括印度洋地区,都有气候严重改变的现象:季候风不至,山东地区的农业文化终于萎缩;而其邻近的其他文化,却因承受山东"龙山—大汶口系统"的传统,反而更上层楼。"龙山文化"这一如此发达的地方文明,居然在四千年前不得不移植他处,成为文化扩散的历史特色。其原因也正是上述季候风不至,导致的巨大气候变化。

相对而言,中原的"庙底沟文化"不但没有塌陷,反而更有活力,其范围也更为广大。考察其原因,我以为:"龙山—大汶口系统"已经掌握的高温烧陶技术,可以经由火道的延长,转变成为使用坩埚的金属铸炼技术。如果中原文化过去以锻炼青铜制造工具、兵器，那么一旦接受了前述金属铸炼技术，中原的青铜文化就不再仅限于制作小型青铜器具，而是可以铸造大型的礼器和用具。更近一步，在东南地区的吴越，可能就在我家乡无锡附近的鸿山，出现了掌握铸铁文化以及锻铸技术的复杂过程。这就是中国青铜文化，以及其后续的铸造、锻炼文化新传统得以开展为钢铁合金新科技的契机。

"庙底沟文化"向两边扩展，去往黄河南岸的河南、黄河北岸的山西，尤其是山西的运城平原。到了"二里头文化"，其遗址可见极大的古城：有城墙、道路、宗庙、大型礼仪性建筑及公共建筑，还有非常大的水沟——凡此，如今还在继续发掘中。

从这一串现象中，我们可以发现："龙山文化"的塌陷，反而刺激了中原文化转入更高一层的"金属铸炼文化"。相对而言，在社会组织和生活经济方面，也就带动了另一阶段的发展：社会结构更为复杂，同一文化所涵盖的地区扩大。

"庙底沟文化"之前，中国还存在更为早期的诸多文化类型。因此，史籍所称"夏"，应该称之为"诸夏"：因为当时存在的各个族群，都是后世所认为的"夏"的一部分。在约四千年前的中原，以山西面对黄河的部分言之，今天最显著者有东端的"陶寺"、中间的"二里头"，以及陕北的"石峁"；此外，泾水、渭水流域的"先周"，应当也是"夏"的一部分。上文所述铸炼金属之道，因为"龙山—大汶口系统"之扩散，对"诸夏"

产生了相当程度的影响。

我们也需注视：四千年前，也正是中国史籍传说"大禹治水"的时期，"夏禹"的领域，既然在山西面对黄河的一部分，彼时有如此重大改变，也就可以解释——何以"二里头"作为"诸夏"的中央部分，竟然可以一跃而为国家形态的具体呈现。相对应的，"夏禹"在大水漫灌中原之时，能够居于领导位置，似乎也与熔铸金属的技术有关，从而开启了从部落联盟的社会提升为王权君临天下之国家朝代。

然而，"诸夏"内部的各部分，仍有力量强弱以及文化进度之差异。彼时，"二里头"俨然是黄河边上最重要的力量。而泾渭流域的"先周"，则是夏人的"祖庭"；而由于"二里头"一跃而为部落联盟的领袖，"先周"也不过是西端"诸夏"之一。"先周"之所以转变为"三代"之一，则是由于东西夷夏的两端对立，"关陇之周"终于成为中国朝代之"正统"。直到武王克商之时，牧野的胜利，才领向"宅兹中国"的局面。

山西运城的"庙底沟二期文化"，河南偃师的"二里头文化"，其内容并不全然一致。但二者有一个共同特色——都有博采旁收的气度，因此其内部均可见东南西北的特色。我认为直至此时，中华文化才开始出现自己的主流：虽然没有显赫的成就，但是如上所说，有吸纳、消化的胸襟。这一群人居住之所在，考古学界大致认为足以反映"国家"的性质。

我认为，"二里头"可能是一个各种群体"万方衣冠朝冕旒"的聚会之所——如此聚会中心可以不止一个，因时因地，而无妨多次出现在不同的地点。这些人群汇聚一处，彼此学习、互相影响，合而言之，才是"中华正统"之具体特色。如此动力、如此胸襟，因此造成的形势，可久可大。世界的东方，有此器局，延续不断，继长增高，使得人间有此前所未有的庞大政治体。

三、"天下帝国"与"中国之中国"

旧著《万古江河》即是以上述背景为核心展开，旨在填补梁启超先生主张的"中国之中国"那一段所未涉及的部分；而近作《经纬华夏》，则是从地理区划、考古发掘等角度入手，不再遵照传统的"中原中心论"，而代之以"三区"平行发展、互相影响的形势，展开历史论述。

这两本著作，各有着重而彼此勾连。我所论述的主调则是：在这一"中华文化圈"的扩张过程中，内部各文化单位之间，彼此有取有予，经历了漫长而复杂的过程，方才在汉代熔铸为一，发展为一个庞大复杂的文化体，延续至今。

距今四千年前，"夏人"的一群取得优势，在"二里头"底定了当时中国的核心。而夏的继承者商，却是又在东方以"陶寺"为代表的旧日尧舜势力的核心地带建立了权力更集中而结构更紧凑的商代——这才是"三代"的转换：不必谈论是否真的存在"禅让",而应注重前后继承、更替主导的局面。

于是,传统的"中原",逐渐凝聚为"大邑商",商人又不断取予吸纳。继之,则是西方关陇高原上的"周人":其本身的来源,其实与"夏"有相当关系。"姬周"的邻居,则是以牧羊为主的"姜氏集团",也就是后世的"羌人"。姬、姜合作,在牧野击败了"商人"的抵抗,建立姬、姜合作的新秩序。

周代不仅继承了商代文化,也接受了邻近其他文化的因素。这一秩序建立了一个新的统治形式:封建诸侯。"姬周"的总部,还在关陇平原的"宗周";而黄河大平原上的统治,则是以姬姓诸侯占"左线",姜姓诸侯占"右线";而以"成周"作为"东方总部"统合星罗棋布于东方平原的各处姬、姜据点。如此"东西两都制",也是后世中国王朝,常常出现的形势。

至于继承周代的秦人,原来是在西方的小群牧人,地处今日甘肃天水一带;经过两百多年的发展壮大,才东迁至陕西关中地区。秦人由小小的牧人部落,逐渐吸收了关陇以至于"甘青湿地"的所谓"西戎"的群体,成长为"西土"的新兴势力。及至宗周覆亡,周代封建秩序的西陲部分瓦解。此时秦人已经体质充盈,足以吸收西陲的戎、羌,以及旧日西陲"夏人"的力量,合组为独霸关陇的新势力。至此,秦终于从"西陲大夫"成为"逐鹿中原"的群雄之一。

战国时期,关陇以东以及荆、湘、扬、徐这一大片土地,分属六国——当年的"封建制",终于被"列国制"取代。相较而言，欧洲的神圣罗马帝国，也只是维持一个表面上的帝国秩序，实际上其驾驭的力量，还不如周人封建制的宗周。直到十七世纪，各种进入欧洲的族群，各自占领地盘，形成民族国家的基础——那时候，才有相当于中国的战国时代，列国共存并驱的局面。人类历史上，与东亚对比，欧洲的局面晚了两千年才形成。

进而，秦国吸收六国之长，也吸纳了六国的人才，终于整合为体制壮实的新型国家。那一基础，是新的"天下国家"，交织于周人的封建集团。秦代发展的统一帝国，疆域广阔，文化一致，"书同文、车同轨"——如此的性质，是"世界帝国"的规模，而非联邦或殖民集团的结合方式。

汉代的中国，不仅是一个"天下帝国"，还是一个庞大的文化体，不断地进行文化吐纳过程。汉朝的文化输出，东到日本、东南亚，西到天山，北到大漠；汉朝的文化输入，最典型者，是从印度传入的佛教文化、北方的萨满信仰以及中国西南部的巫术——如此种种，被中国吸纳后，融入道教成为其中一部分。汉文化一路向南开拓，将南方的动植物引入中国；从西域也带进来西瓜、葡萄，从北方则引入骆驼、骏马、野驴等诸多物产。如此持续不断的文化交流、物产交换，使得中国文化异常博大而丰富。中国对于外来文化的吸收，也并不限于汉代。其实从汉以后，尤其是唐代，中国面临西陲以外的文化，包括波斯和伊斯兰两个文化系统，才使得中国后世的文化内容极为复杂。

所以，每一朝文化扩大之时，都是"有取有予"。我们不吝啬"给出去"，也不惭愧"拿进来"，这才是大方、磊落的心态。有容乃大，中国得到了许多前所未有的资源和观念。

四、"世界之中国"的艰难楔入

1500年以后的近代世界，则是中国必须面临的新情况。此后，当然中国与世界也就不可避免有更多的交往。最重要者，则是中国人心态上，遭遇了重大挑战：中国面临的乃是前所未有的敌手。那一来自西洋的力量，已经积累了两三个世纪的经验，非常熟练——如何将东方正在梦中的旧帝国，作为勒索的对象。

1840年以后，中国面临的国际情势，则更为严峻："鸦片战争"以后，中国不断在竞争中落败。甚至于，在学习西方的过程中，中国屡次希望找到可以学习的对象——然而，每一次都是发现我们向往的学习对象，其实只是在对我们施以层层剥削和不断压榨。我们盼望他们以善心救援愿意学习的旧日东方，结果事与愿违：实际上中国作为"学生"，学得甚少，而支付的代价不仅是一时之间的赔偿，更重要者，"学生"已经没有尊严抵抗，更没有能力拒绝。

其实，中国现代化的工作，在清末已经开始。只是，清朝本身的上层能够真正懂得世界情势者寥寥无几。幸而还有曾、左、李、张等人物，可做到初步的工业建设和国防建设。在辛亥革命以后，中华民国成立。那个转折，其实相当突然。当时，民智未开，不仅上层知识分子对世界所知有限，即使是革命的领导者，也并不完全懂得近代的国际政治和近代世界性的社会经济。

民国革命过程中，孙中山最初提出的是"驱除鞑虏，恢复中华，创立民国，平均地权"等口号。这些话语，只是口号；在他整个工作过程中，相当倚赖日本"浪人"们的参谋。那个时代，他做到了启发民智；而在建设方面，他以为训练一批能冲锋陷阵的军事人员，是首要之务。但那些所谓"黑洋会"的"志士"，却大多是无所归属的"藩士"，他们只是在寻找建功立业的机会——这些人并非真正懂得建设国家的人物，也并不是真正存心要帮助中国，而只想借此机会，希图为自己扬名立业。然后一步一步，从那个阶段开始，中国的革命人士也转向英美的传教士或者"第二国际"的干部，帮助中国开拓新的局面。然而，后者送来枪支和顾问，帮助成立黄埔军校；同时，在国民党之上，居然有一批"太上皇"颐指气使。

至于经济建设方面，极少着手；管理机制，从上到下，包括中央政权结构以及地方基层的充实和组织，也都未能着手整顿。这一段历史，只是举例而言；在后日漫长的岁月里，中国的领导人以及领导单位多次改变，常常不知不觉发现，头上顶了一个"紧箍咒"。不止一次，那些号称帮助我们的外国，吃了我们的粮，喝了我们的血——可是，并没有具体帮助中国，发展能够建国立业的机制。

等到国民政府正式成立，能够勉强领有长江流域的中下游。

国民政府并不只限于从俄国寻求援助，他们也同样向欧美求取指导和实质的援助或合作。那些帮助，在抗战期间硬件的部分消耗殆尽；软件的部分，也没有机会完全展开。抗战以后，兄弟阋墙，建国的机会在炮火之中烟消云散。1949年以后，整个局面改变，下面的事情就是大家所知道的中国现代史，此处不必重复。简单言之，新的国家建设事业，还是向克里姆林宫一边靠；一直到国家面临巨大的困难和危机，中国才理解到：求人不如求己。外面的帮助，人心难测，好人不易得。这一觉悟，到邓小平的"改革开放"，走向务实的调整，直至今日。

现在中国更重要的任务，则是如何与诚心帮我者交叉合作，而非单向的学习。同时，疑人之心不可有，防人之心不可无：吃一次亏是所交非友，吃两次亏只能怪自己。自五四运动以来，就有所谓"全盘西化"的主张。多少世代以来，我们经常看到"先进国家"这一名称。"先进"一词，也就意味着中国一定要走西方的路——只是我们落在后面，晚了一步。准确的方向则是：该学的就用心学；不见得有用的，就不必学；如果学来的一套方式，只是在特定的情况下才有用，我们就不必一切仰仗学习他人，更重要者是任何政策的大方向，都应当是博采众议、实事求是，由大家一起讨论之后，才做最终决定，也才能够有信心彻底执行，走向成功之处。要知道：真正的治病，是知道疾病所在，按照病况下药。天下没有"百灵药"，一方到底、百病全消是不切实际的想象。

言及于此，我不能不提起台湾曾经历的一段过程：那就是1960年开始，三十年的经济建设。我从美国留学回来，然后又到美国工作，身跨两边，曾经有机会目睹台湾经济起飞的过程。那些经济建设的工作，包括种种基础设施建设，也包括最近大家都谈及的"台积电"。我不能不指出的是：为了建设"台积电"，台湾投入了人力、物力；更重要者，则是"心力"——主持这些建设工作的几位人物中，孙运璿全心全意投入这一工作，劳心劳力，终至因脑出血而全身瘫痪。在他第一次恢复神智时，他见到探病的十余位参与改革设计的同仁，第一句话就是："我不行了，拜托你们，一定要将大型积体电路的案子推动到底。这一次机会，是唯一的机会。如果这次不成功，我们再也没有新的重新开始的机会了。拜托，拜托！"

几十年来，台湾经历了种种的改革和建设。1950年"三七五减租"，紧接着下面就是"耕者有其田"……这一连串的步骤，使得台湾的经济面貌完全改变。1960年开始，台湾当局决定要做全盘的大改革，特别邀请了在美的经济学家蒋硕杰、刘大中、费景汉等人一起筹划整个经济改革的步骤。在那个长程计划确定后，一步一步，包括各种基建、调查，然后落实土地资本转化为工业资本的政策。接下去，就是依次发展新的企业，例如食品工业、纺织工业、石化工业、电子工业、微电子工业以及海陆空运输业等等。在整体的基本工业方面，着重发电业、港口建设，最后划定专门的地区，作为"新竹工业园区"——所有的新兴产业如电子工业、生化工业等等，都在其中设厂。在厂家还没进入以前，园区的道路、各种管道都已预先铺设。

这一过程，每一阶段都邀请在外工作和研究的中国专家，参与和主持各个阶段的发展。今日回顾，当时请来各种专家，经常是数百位轮流回台，主持规划、设厂以至于经营。整个过程，没有借用任何外国专家，这真是中国人自己做出来的事业。今日被认为是"世界瑰宝"的"台积电"，就是其中一项。而众人所注视的张忠谋，就是"台积电"的第一任主持人。

台湾的这次建设后，大陆也进行了全盘经济建设。后来，我在大陆访问考古工作时，沿路各处都能看见"高新园区"——那些不就是中国人在台湾做出了"第一棒"，接下来又在大陆发展了无数的园区吗？回顾清末"洋务运动"开始，中国在屡次败于西方的侵略后，不断地尝试建设。而上述海峡两岸前后贯穿的建设，却是与过去不同：不再假借外人的才力和财力，整个的过程两岸连续，经过了五十多年的发展，才走到今日"世界工厂"的地位。

我始终盼望，能给大家提供我的意见，使我们所困惑与关心的问题，可以得到初步的解答。《万古江河》及《经纬华夏》，我所着重处，是在追溯历史上中国的种种变化，以及对于这些改变的得失检讨，庶几在面临今日不断有变化的当下，能够随时调节，甚至于更张改易。中国的未来，取决于不断改革中是否能走对方向。这些检讨，乃是必要的心态。

中国人首先要有心理建设：既不能囿于"中华中心论"，尤其是"中原中心论"，也不必盲目屈服于西方的"先进"霸权。如此两方面地反思——想想人家，想想自己，或许我们才能够得到相对真实的认识，方可以坦荡的心胸参与世界新文明的整顿与建设，尽其所能，与人合作。

五、中国文化与世界文化

事实上，西方文明也经历了梁启超先生所说的逐步扩展的过程。从古希腊时代"希腊半岛尖端的西方"，到"地中海东端的西方"，到"地中海沿岸的西方"，然后才有"欧洲的西方"以至于"海洋航道上的西方"——最终，发展为如今"主宰世界的西方"。这一过程，也是逐步展开的；其发展过程，也曾经是"有取有予"。只是近二百年来，西方习惯于自以为是，夺取殖民地的资源，还强迫整个世界接受西方文明。

西方文明在近代史上，一些最重要的特色，都经历了深层的改变。西方近代的经济学理论假定：经济的幅度，永远膨胀。其实，这一假设未必正确：经济膨胀的动力在于消费，而消费必定消耗资源；但是，世界的资源总量有限，禁不起无限的消耗。因此，经济体不可能永远膨胀。如何维持稳定？如何应对衰退？何为繁荣？凡此，都需要经常检讨，重新界定。这都是西方经济学上经常讨论的疑问，也由此产生不同的理论系统。

中国几千年来，是具有特定色彩的集体主义：社区、宗族、家庭，都是某种"集体单位"；其中每个人，为了群体单位，都必须担当若干程度的责任，才能盼望获得相对的益处。

历史上有个"张姓"大族，五六代同堂，上百族人，群居一处。皇帝知道此事，特别向族长提问："你们如何能做到数代群居？"这位老先生回答："一个'忍'字。"于是，张姓的"百忍堂"成为历史佳话。"忍"字，究竟意味着什么？就是每个人都必须忍受，必须要付出若干牺牲，才能和平相处。这如此"为大我而牺牲小我"的精神，是中国文化中长期维持群居安定的要件。

但是，如此情况，到了现代也有所改变。孙中山先生曾说：集体主义到了今天，若想继续走下去，适当的分配是维持群体的前提。如众所知，改革开放以来中国迅速成长，正是因为相对合理的市场分配机制，能够调动人们的积极性。换言之：有了适当分配，才能调动相对的积极性和创造性——这和一般的"集体主义大锅饭"相违背。数百年来，西方资本主义和社会主义，都在不同的情况下做不同的反省。中国面临西方社会形成的大环境，也不能僵固地以为自己的情况，已经足以自满。大家必须领会："自满"乃是败坏的第一步。

再比如说，中国的儒家认为"仁"不是"神"，其实就在"人性"之中——也就是"良知""良能"。而基督教的独神信仰，"上帝"却是在"人身"之上、"人性"之外。如此独神观念，因为必须要肯定"神"之存在不容怀疑；于是，西方文明的基础，也是固定在一个"神"的观念上。"上帝"是西方文明存续最重要的基础：没有"上帝"，也很难安置"人权"。"天赋人权"，西方人所谓的"天"，就是"上帝"！于是，有了如此的"保证人"，"人权"才得以确立。其实，如此"人权"，并不是真正地具体存在于人间。

时至今日，美国大多数教派的教会功能日渐衰败，教众日渐减少。在"科技挂帅"的今日，"上帝"的神秘性和神圣性都饱受质疑。那些当年支撑"上帝信仰"的"神学体系"，已经很难再令人信服。如此局面，将来该如何发展？是否可以将中国文化的"以人为本"的原则，作为世界秩序的基础？

印度文化的特色，是将神性与自然融合为一。佛经提出"天众""龙众""夜叉""乾达婆""阿修罗""迦楼罗""紧那罗"以及"摩呼罗迦"八种存在的生命，在印度人看来，"人"与这"八部"并存，并不特别高明，更非西方人所谓的"万物之灵"。

中国人则讲究"天人合一"。"天"是大自然的通称，"人"则是人间的一切，而且人性本身，也是整体宇宙的一部分。因此，"天""人"之间相互感应、调节，以组织为和谐而互动的共存关系。这一特色，与西方文化中的"浮士德精神"所代表的人间力量，截然不同。浮士德可以将自己的灵魂与魔鬼作交换，获取"一切都更好、更好"的世界。于是，西方世界的主流观念，就是"永远成长，永远更大、更好、更远"。这种盼望，其实就是人间的欲望无穷膨胀。最终，难免发展为以自己为宇宙中心的极端个人主义；而且，在这一前提下，个人都可以将消费视为自己的权利，无穷消费，无尽享受。其实，我们何妨想想：我们可以将无穷的"取"，转为无穷的"予"，以此作为人生的目标？在中国做考古研究的神学家德日进，他将人与天地之间的开始，看作天地之间的终极目标：前者是仰望上帝，理解上帝对人间的盼望；后者是回报上帝，我们已经尽其所能，走向神盼望我们到达的目的地。

2005年前后，世界市场的观念正处于流行阶段，弗里德曼写了一本书《地球是平的》，畅销全球。书中主张：不论肤色、种族、信仰，大家一律平等。但是，如今美国领导下的世界，却坚持自身利益高于他国利益——如此，也就意味着：每个国家都可以以自己的利益为中心，强者可以逼迫弱者屈服，服务于自己。如此急剧的"大转弯"，正是反映着西方文化中，个人主义的要求可以超越"世界大同"的人间理想。

我盼望将来的全球化，是一个有各地若干范围内特色和专长，以此基础发展出彼此尊重、互相容忍、合作共赢的"全球化"。当前的世界，正在面临前所未有的不确定性：不久以前，大家盼望的共存、共享的世界秩序，在一夕之间，居然转变为相互对抗、处处设限，以至于剑拔弩张的局面。每天早晨，打开当日报纸，时常目睹人间的彼此攻讦、互相残杀。如此危急关头，必须互助与合作——至少在自己的存在之外，必须允许他人的存在。如此，方才可以盼望在这一个小小地球上，这一被称为"人类"的生物，不至于毁了地球，也毁了自己。

2024年2月21日，许倬云改定于美国匹城

　　　　　　　　　　九州天下：中国文化与中国人

移民与中国

葛剑雄

什么叫移民？前往外地求学的学生算不算移民呢？我觉得还不能算。他们还只是流动人口，跟到南京打工的民工，从人口所处的状态上说是差不多的，都是在流动中的。假如说学生毕业以后，在学校所在地工作、定居了，那么可以算是迁入的移民。中国历史上的流动人口与移民是两个概念。流动人口非常多，比如说出外求学，参加科举考试，还有做买卖的，包括到外地去要饭的，都是流动人口。移民，一般是指在一个地方居住了比较长的时间，或者是定居下来的人。而作为研究对象的话，一般要选迁移路程比较远的。你在县城里面从这条马路迁到那条马路，那怎么研究？我们研究一种历史现象，要有一定的意义。人口迁移也是如此。比如说从江南迁到江北，那还可以，总算是过了一条江。从这个省迁到那个省，或从山区到了平原，这样的变化路程也比较远，就比较重要。

中国历史上的移民是相当多的，对中国的过去、现在和将来都具有非常大的意义。一个地方，你要研究它的历史，了解它的现状，看它的未来，跟当地的人口是有很大关系的。当地人是从哪里来的？以南京为例。现在的南京人是不是从古到今一直都住在这里的呢？我说不是的。远的不讲，只要讲一次，就是太平天国战争以后。当时南京城里留下的人已经非常少，相当一部分人在战乱中死掉了。清朝军队围住南京的时候，城内粮食断绝，太平军和百姓都饿死了不少。还有些人逃了，做了难民。战后南京慢慢地恢复为一个大城市。一部分人是重新迁回来的，但相当大的一部分人是外地迁来的。南京郊区很多人是从河南迁过来的，最多的是来自河南光山县。民国时有人在南京郊区从事河南民歌的收集和研究。收集河南民歌照理应该到河南去，在南京郊区可以收集河南民歌，足见河南移民之多。南京城里也有很多人是从外地迁来的，有安徽、河南、苏北等地的。到了1927年，国民党政府在南京建都，又从全国各地移来大量人口。所以南京这座城市相当大的一部分人都是移民，或是移民的后代。全国大中城市都有这种情况。

从世界上看，很多国家都是由移民构成的。我们在报上经常看到，现在欧洲一些国家都碰到这问题，就是进来的移民跟本地人之间的矛盾。世界上还有很多偷渡的移民，躲在集装箱里，被装在车上、船上，千方百计偷渡。人往高处走嘛，他认为哪里好，就会往那里跑。像美国就是很典型的移民国家，在"五月花"号之前已经有了移民。如果你查一下，便会发现今天的美国人除了少数人是本地的印第安人的后代以外，其他绝大多数的人是从欧洲、非洲、亚洲等地去的移民。特别是最近几年来，讲西班牙语的、亚洲的，包括我们中国的移民，各地去的都有。如果把移民的概念限制在从一个国家迁移到另一个国家，那么美国就是一个典型的移民国家。但我们中国这么大，如果我们把从国内一个地方迁到另一个地方作为移民来研究的话，我们中国也可说是一个由移民构成的国家，因为你到中国每一个城市、每一个地方，几乎都可以发现从古到今大量的移民和他们的后代。所以移民对我们中国的历史、现状和将来都是有非常大的意义的。为了说明这个问题，我想从以下几个方面跟各位讲一讲。

首先要讲一下，移民和中国的领土、中国的疆域。今天中国的面积多大？约960万平方公里。当然，严格讲不止，根据卫星遥感的照片看，我们的面积不止那么大。我们在中学都学过历史，知道秦始皇在公元前221年统一六国的时候远不如现在。秦朝在北面造了一条长城，是从今天甘肃的岷县开始，沿着阴山山脉、燕山山脉到辽河下游，到朝鲜半岛的西北角，这就是它的北面的边界。在西面呢？从甘肃往下，到今天四川盆地的西边。再往下，在云南、贵州就只有一些孤立的据点，并没有完全占领。往南呢？开始的时候秦朝的边界在南岭，不包括广东、广西，后来它派军队占据了广东、广西和越南东北角，这就是它的南界。

在清朝鸦片战争以前，就是清朝乾隆年间开始，中国的领土比现在大得多，北面要到外兴安岭，包括黑龙江以北、乌苏里江以东，包括堪察加半岛和库页岛，整个蒙古高原，以及蒙古外面的唐努乌梁海，经过阿尔泰山一直到巴尔喀什湖。再往下，整个帕米尔高原，包括现在中国的南面，全部是当时清朝的领土。那么，怎么从秦朝的疆域慢慢扩大而且最后稳定在现在的960万平方公里领土的呢？有的同学讲："靠打仗啊！"应该承认一部分土地的确是靠武力夺取的。比如说秦始皇要把今天广东、广西的地方拿下来，当地人不愿意，他就派50万军队，分几路去打，打不赢，再派军队，最后把它打下来。但是光靠军队行吗？不行的。军队可以把当地人打败，但不能使当地的人融合到你的民族中来，融合到你的人口中去。怎样能使自己在那儿建立稳定的统治？光靠军队不行，还要靠移民。所以秦始皇在把他的领土扩大到岭南以后，一方面把原来打仗的军队都留下来，另一方面又从北方征调了很多人迁移过去，还特别把一批妇女从北方送到岭南，以便那些士兵就地结婚，生儿育女，扩大自己的人口。而且他命令那些人跟当地人杂居，以便尽快与当地民族融合。如果仅仅是占领新的领土，靠军事力量就行了；如果要使这些地方真正成为自己的领土，那只能靠自己的移民。

现在有人说，我们中国的老祖宗多傻，古代的军队到了那些地方怎么都不占下来？不然我们中国的领土就大得不得了。其实你替老祖宗想想看，比如说汉朝的军队、唐朝的军队打到了贝加尔湖边上，当时叫北海。在这片大草原上没有人，当地的游牧民族都逃掉了。军队在那里要吃饭，要有粮食供应，得从内地不远千万里地运过去。如果在那里设立一个州、县，统治谁？管理谁？没有什么好管理的。到现在为止，我们国家在西藏还有几个县建不起来，它们的面积都很大，国务院早就批准设县了。为什么设不起来呢？人太少，太分散，所以只能先设立一个办事处。有的办事处还不是在自己的县境内，而是附设在别的县里。我到过中国几个人口比较少的县，一个是在帕米尔高原上的塔什库尔干县，是以塔吉克人为主的范围很大的地方，平均海拔四五千米。我是1982年去的，才几千个人，而且还非常分散。我在1996年到过另外一个县，在靠印度的边界上，就是西藏阿里地区的札达县，面积两万多平方公里，当时人口只有四五千人。这种县怎么管理呢？我问县里的领导：你们主要做什么事？他们告诉我，一是到拉萨去开会，由于路途远、路况差，必须两辆车一起走，要不万一路上出事怎么办？正常情况下单程也得六七天，加上开会，差不多得花一个月。下乡也是这样，要两辆车一起走，一个月还转不全。现在有汽车，这样的县还这么难维持，要是在秦朝、汉朝或是唐朝，在那些地方怎样设县？设它干什么？军队要是留在那里，或者在那里设立一个政府，但当地不产粮食，要从内地遥远的地方把粮食运过去。

我们不妨做一个简单的计算，假如一个人背60斤粮食，每天最多走80里路。背粮食的人也得吃饭，一天吃一斤，还不算蔬菜，到30天的时候，这袋粮食就剩下一半了，但返回的路上也得吃饭。所以30天是极限，等于白走一次，一点粮食也没有运到边疆。30天只能走2400里，即1200公里，从上海出发还没有走到北京。如果走到一半，走到1200里往回走，在目的地只能留下30斤粮食，由此可见运粮的困难。如果要从长安一带将粮食运到蒙古高原，需要耗费多少人力和物力？这还没有考虑意外情况，如运输人员沿途的死伤病。所以，如果当地没有人，又不能生产粮食，驻军或设立行政机构是毫无意义的。在中国历史上，中原王朝的军队一次次征服过遥远的地方，但往往只是在那儿立一个纪念碑，然后就撤回来了。直到清朝乾隆年间，清朝的军队平定天山南北路，中亚一些小国要求清朝接纳，但乾隆下令在边界竖了一个碑，声明大清的疆界到这儿为止。我们今天可能不理解，你要了不是很好吗？那里可能有石油，有矿藏，或者有什么其他资源。但那时候的人不但不知道这些，而且认为，要了就是一个很大的负担。不仅没有什么出产，还得给那里的百姓发救济粮。从内地运去的粮食多宝贵啊！大家知道，清朝后期左宗棠收复被沙俄侵占的新疆，当时在国内还有分歧。有人说：这些地方要它干什么？又不产什么粮食，收回来还是国家的负担。还有人问：军队去那么远，粮食怎么解决？后来有人指出：如果今天我们把新疆丢了，甘肃就成了边疆前线；如果甘肃再丢了，那么陕西就成为前线。总得有守得住的边疆，要付出一点代价。这道理有说服力，再加上左宗棠的态度非常坚定——他抬着一口棺材出发，说新疆一定要收复，如果打不赢，他就死在那儿。但是这只是他的英雄气概，实际上他千方百计地筹集粮食，并且解决了运输的难题，这才有了胜利的保证。

在中国古代，要使领土向外扩展，并且能够使它稳定下来，关键在于人口，要有人去住。人从哪里来呢？就是从内地迁过去。汉武帝的时候把河西走廊从匈奴手中夺过来后，采取的第一个措施就是迁移72万人口过去。真不容易，72万人口从太行山以东一直迁到河西走廊。就是在今天，要将那么多人迁那么远也不简单。但只有从内地迁去的人口在那里定居下来，成为农民或牧民，那里才成为汉朝的一部分，成为与中国内地联系起来的一部分。正因为中国内地不断有移民迁入边疆，我们边疆才得以巩固起来。如果说古代那些地方还荒无人烟，不去占领它，不去巩固它也没有关系，反正没有人来，到了近代以后，情况就不同了。帝国主义、殖民主义虎视眈眈，你不巩固他就占，我们的领土就白白丢失了。在清朝的时候，中国的领土已经到了外兴安岭，就是今天黑龙江以北很大的地方，那么现在到哪里去了呢？现在是俄罗斯的一部分。这是沙俄侵略的结果。但是侵略者为什么得逞？一个很重要的原因，那些地方人太少，或者根本没有人。清朝的康熙和俄国沙皇签订了《中俄尼布楚条约》，规定了中国与俄罗斯之间的边界，清政府认为已经签了约，而且给俄国做了让步，天下太平，就继续实行封禁政策。满族人本来在山海关外，其入关后，关外的大部分地方都没有人居住了，或者只有当地一些人口很少的部族。清政府认为东北是龙兴之地，就像是革命圣地，要封闭起来，不让汉人进去。封起来干什么？秋天去打猎、练武，那里还产人参、貂皮，还有黑龙江里产的珍珠，这些是皇帝、贵族的宝贝。所以相当于今天的整个黑龙江、吉林以及黑龙江以北、乌苏里江以东的地方基本是无人区，只有少量的当地人，驻军和行政人员也很少。

《中俄尼布楚条约》签订后，清政府继续不许老百姓迁进去，但是俄国人却大批地沿着黑龙江迁来了。我们现在看有许多俄国地名，如符拉迪沃斯托克、哈巴罗夫斯克，都是拿当时的"探险家"或侵占中国领土有功的贵族、军官命名的。他们浩浩荡荡东下，如入无人之境。有些人就定居下来，人口不断增加，又建城堡、修道路、驻军队，设立行政机构。作为主人的清政府却不闻不问，也不采取措施移民。所以到1858年，清政府被迫签订《瑷珲条约》，就在今天的黑河，把黑龙江以北、外兴安岭以南的领土割让给沙俄帝国。当时俄国人已经控制了很多主要的据点，占领是既成事实。在黑龙江以北清朝只剩下"江东六十四屯"，住的都是早期过去垦荒的老百姓，那里还是清朝的领土。到1900年，俄国以慈禧太后"宣战"为借口全面入侵东北，六十四屯人死的死、逃的逃，黑龙江以北就全部被俄国占了。沙俄的侵略野心一直不停，为什么占不了东北黑龙江以南、乌苏里江以西的领土？一个重要的原因就是到1860年，清政府宣布取消对东北的封禁，鼓励关内的老百姓往东北迁移。从1860年开始到辛亥革命的几十年内，大量百姓从山东、河北、河南等地，主要是山东，迁到了东北。在短短的几十年里，东北的人口增加到2000多万，建成了三个省，从内地迁去的移民成为巩固中国东北的主要力量。1860年以后，俄国人从北面，日本人从南面，都千方百计地要把东北从中国分裂出去，要占领它，但是最后都没有得逞，就是因为有这些人口，跟我们祖国就联系起来了。要没有这些移民的话，有些地方也都给他们占走了。

大家在地图上看看，堪察加半岛外面有个库页岛，清朝称当地的土著人为"苦夷"，一直归清政府管，每三年要带着土产到黑龙江依兰县的"三姓衙门"来纳贡一次，表示他们的忠诚。清政府也不管理，只要他派人来就行了。结果俄国人在北面建教堂、开矿，日本人在南面打鱼，把这个库页岛南北基本上都分掉了。清政府还不知道，反正照样每三年有人来纳贡一次。到后来俄国下命令，不许再给清政府纳贡了，他们才知道库页岛已经给人家瓜分了。我们现在可以说这是腐败、落后，具体的原因还是当地的部族人很少。如果大量地移民到那里就不是这样的情况了。所以我们讲历史上也好，今天也好，领土不仅是一块土地，领土的概念是归属于一个国家。主权靠谁去行使呢？靠那里的人民。所以太平洋上的一个岛，甚至火山爆发形成了一个岛，周围的国家都赶快过去插上国旗宣布这是我的，而且随时得注意有没有别人来占。有了自己的人，这才算是自己的领土，这是非常重要的。苏联解体后，我有一次在学校做报告，同学问，苏联现在解体了，我们是不是可以趁机把黑龙江以北的领土收回来？收得回来吗？收不回了。且不说政治上、法律上的原因，今天黑龙江以北住的主要是俄罗斯人，他们怎么认中国是他们的祖国呢？要是反过来，那里全是中国人，情况就两样了。

大家一定可以理解，今天的中国能够形成这么一个国家，能够有稳定的领土，应该归功于历史上千千万万的移民。不管什么原因，他们从内地迁到当时的边疆，在那里生存和发展，使边疆与内地紧密地联系起来，使它得到巩固。不但是中国，其他各个国家都有这样的情况。这是我要讲的第一方面，移民对我们国家领土的形成和巩固起了非常大的作用。

第二方面，我想讲移民和中华民族有什么关系。我们今天讲的中华民族，包括汉族和其他少数民族，总共有56个。这些民族是怎么形成的？人口最多的主体民族汉族是怎样形成的？

汉族是今天世界上人口最多的民族。是不是汉族老祖宗特别会生孩子，生得特别多？我想不会，各个民族大概差不多。真正的原因是汉族融合了大量其他民族人口。汉族的前身为华夏诸族，其实它不是一个民族，不一定是同一血统。我们现在自称"炎黄子孙"，说出于同一个老祖宗，是一种文化上的含义。现在有个说法，全世界的人口都来自非洲。我们学校研究基因的教授，还有南方基因研究中心，都同意这个结论。他们说中国人的基因形成于大概10万年以前，是从非洲出来的，大概10万年前迁到了中国，所以中国人不是北京猿人的后代。这事我也不太懂，这是从基因上研究，属生物学。但既然称为华夏诸族，就不是一个族，不是同一血统，大概是在中原慢慢地发展起来，就成了一家人。经过秦朝、汉朝，到了南北朝之后就形成了汉人。开始时汉族并不是人口最多的，特别是在中原以外的地区。今天的南方曾经是"百越"的故乡。百越不一定是一百个越族，就是很多越族。南方还有所谓"三苗"。像今天的云南，一开始没有汉族。汉族最早生活在黄河流域，那是当时地理环境最好的地方，而且比较早地发展了农业，人口能得到稳定的增长。他们不一定生得多，只要死得少，人口还是能逐渐增长。古代的天灾人祸往往会造成惊人的损失，中国和外国都是如此。比如欧洲爆发的鼠疫或土豆减产，都曾引起人口大量死亡，死亡率有时高达百分之六七十，更不用说发生战争。黄河中下游地区地理环境比较好，有了稳定的农业，形成了一个人口数量比较多的聚集地。等土地开发得差不多，人口越来越稠密了，就开始向周边扩展。汉族已经在文化上比较有优势，政治上又有统治地位，迁入新扩展地区的都是派来的军队、官员，或者是有知识、有技术、会经营的人，很容易在当地立足。迁入地一般地广人稀，农业生产能较快发展起来，又为新的移民提供了迁入的条件。在强大的汉人面前，当地的土著人、少数民族要么迁移了，要么留下来与汉人共同生活。由于他们在政治、经济、文化上都处于劣势，最终无疑被同化，融合到汉人之中，成了汉人的一部分。

这个过程是不断进行的。比如说广东、广西，当地人口原来都不是华夏［汉族先民或中国（中原）的古称］。秦朝开始华夏大批南迁，有的是跟着军队来的，有的是跟着地方官来的，有的是自己逃荒来的。总的来说，北方移民经济上比较强，生产技术比较好，开始住在县城，慢慢地扩展。县城周围和山区的土著人一开始与华夏保持距离，慢慢地就被同化了，学了华夏的生产技术和生活方式，逐渐有了自己的知识分子，有的山里的人迁到了山下。等到有的土著人有了一定的社会地位，家族人口也比较多了，他就觉得再承认自己是"蛮夷"就不大光彩。因为当时民族之间是不平等的，华夏地位高，少数民族地位低。他就要想办法改变，方法也很简单，就是自己修家谱，找一位当地有点名气的文人，编一段祖宗从中原、从北方迁来的故事，这样一来就成了华夏的后代了。找个华夏祖宗也不难。例如宋朝曾派狄青到广西"征蛮"，那么我家老祖宗就是狄青的部将，"征蛮"后没有回北方。姓杨的更可以说是杨家将的后代，连贵州的少数民族、湖南的土家族都认杨老令公为祖宗。或者说我家祖宗是唐朝一个什么大官，得罪了皇帝被流放到这里，我就是他的后代。万一有书呆子真去查唐朝的历史，发现这个大官的儿子都没有留在南方，那也可以解释，他还有一个儿子是庶出（小老婆生的），所以没有列入传记。南方的读者不信可以去查家谱，祖宗都是从北方来的，不是大官的后代，就是什么将军的后代。

为什么明明是本地的少数民族，却要认北方的华夏为祖宗呢？首先当然是由于中国南方的少数民族跟北方华夏的相貌没有太多的差别，他们的姓氏一般都是单音节，写成汉字就是张、王、李、赵。我姓张，你也姓张，不就是一家人了嘛！应该承认，这是民族不平等的产物。要是大家平等，为什么少数民族都要千方百计改变为华夏汉族呢？这一改变的过程中有冲突，甚至可能还有流血，是建立在华夏汉族歧视和压迫少数民族的基础上的。但华夏汉族也有比较好的传统，愿意吸收外来的民族——你与我穿一样的衣服，与我说一样的话，愿意学我的文化，那你就是华夏汉人了。用今天的眼光看，似乎这有什么了不得？而且仍然是一种文化优越感。为什么你不能去学别人，一定要人家学你？但如果与当时世界上其他民族相比，就优劣立判了。不少民族容不得其他民族，动辄清除异族，甚至残酷地屠杀其他民族。直到第二次世界大战期间，希特勒还在清除犹太人，他宣扬雅利安人的血统高贵，要保持纯洁，将犹太人驱逐杀戮，连爱因斯坦这样的杰出科学家也只能逃亡出境。中国汉族历史上就从来没有发生过这样的事，任何外族只要接受华夏文化，就可以被吸收。所以，一方面我们要看到历史上民族之间的不平等，另一方面也要看到这种做法积极的一面。通过什么来吸收当地的少数民族人口呢？靠移民。如果华夏汉族人一直住在黄河流域，广东的非华夏人会自己变成华夏吗？因为移民南迁，数量很多，加上各种文化的优势，才逐步把当地人吸收了。

这个过程是漫长的，却是经常发生的，直到上一世纪前半期还是如此。我的老师谭其骧先生生前是研究历史地理的，他的好

　　　　　　　九州天下：中国文化与中国人

友向达也是有名的历史学家，北大的教授。向达是湖南溆浦人，家里都说是汉族。他后来看了谭先生的论文，才知道向氏是湖南"蛮族"的后裔，中华人民共和国成立后就改为土家族。云南大学已故的方国瑜教授是纳西族人，现在如果到丽江去，可以在公园见到方先生的墓地，纳西族把他看成本民族的骄傲。但在中华人民共和国成立前，有人问方先生是哪里人时，他回答是桐城方氏。他是研究历史的，当然知道自己是纳西族人，但在民族不平等的情况下，他只能冒充汉人，并证明自己有家学渊源。汉族人口中的一部分，甚至是大部分都是南方的少数民族，汉族（人口）怎么会不越来越多、（范围）越来越大？这是移民的结果，就是汉族移民南迁后与当地民族融合。

在北方和西北地区，有大量从中亚、西亚，甚至欧洲迁来的移民，从蒙古高原和东北迁来的游牧民族人口，有的还是高鼻子、蓝眼睛、黄头发。他们怎么也变成汉族了呢？有很多例子。汉武帝的军队打败匈奴，夺取了河西走廊，也俘虏了不少匈奴人，其中有一位是休屠王的太子金日磾，他被派去养马。有一天汉武帝在宴会时检查马匹，几十个饲养员牵马而过，其他人都不时偷看汉武帝，只有金日磾一人低头而过，态度最严肃恭谨。金日磾身高八尺二寸，养的马膘肥体壮，回答询问又十分得体，从此得到武帝信任，成为心腹重臣。汉武帝临终时将他和霍光找来，将八岁的儿子托付给他们。霍光表示谦让，建议以他为主，他说："我是外国人，不合适，而且别让匈奴人笑话，说汉朝找不到合适的大臣。"于是金日磾当了霍光的副手。一位匈奴人当了汉朝的"副首相",没有引起汉朝臣民任何异议,而且此后的金氏家族成为有名的世家大族,获得汉人完全的认同。匈奴人变成了汉人。这种情况在中国历史上相当普遍。又如在唐朝,也大量吸收外国、外族人口,灭突厥以后将大批降俘人员安置在朝廷,以至突厥官员的数量比汉人还多。此外还有回鹘人、党项人、昭武九姓、西域诸族、契丹人、奚人、高丽人、渤海人,反正不管哪里来的,也不管是哪一族,只要为唐朝尽忠,打仗立功,唐朝就会赐他姓李。有的人从此就自称皇族,自认陇西李氏的后代。现在汉族人口中姓李的数量最多,占了最高比例。或许李姓人口也最复杂,很多人原来根本不是汉族。但几代以后,他们与汉人的确已经没有什么区别。你问他们祖上是哪里来的,十之八九会说是出于陇西李氏,其实可能来自波斯(今伊朗),或者出于沙陀(突厥的一支),因为被赐姓后改姓了李,就变成姓李的汉人了。

北方还有些少数民族迁入中原后就消失了,以后不再见于记载,到哪里去了呢?都融合到华夏汉族中间了。比如说匈奴人原来在蒙古高原,后来几次被西汉、东汉打败,除了少数人西迁,一部分人最终到了欧洲,其余大多数人都南迁,先迁到内蒙古南部,再迁到陕西北部,或者迁到山西北部,接下去又迁到河南、河北、山东等各地,这些人以后都融合在华夏中了。匈奴人内迁后,觉得不能老是用匈奴人的姓,有些贵族就改姓刘。为什么改姓刘呢？他们解释说：我们的祖先冒顿单于曾经与汉高祖刘邦结为兄弟，是一家人嘛。唐朝有个宰相姓刘，就是匈奴人的后代。有些民族原来的姓有好几个音节，译成汉字时就只用其中的一个，如宿六斤改姓宿，盖楼改姓盖，素黎改姓黎。有的先用音译再用意译，如屋引氏改为房氏，唐朝的宰相房玄龄就出于这一支。大诗人白居易也是西域"十姓胡"之一龟兹白氏的后代，但没有人认为他不是汉人。鲜卑人曾经建立北魏，统治中国北方。到孝文帝时，他把首都从今天的山西大同迁到了洛阳，又实行汉化，规定所有的胡人全部改用汉姓。他自己带头，将皇族的姓拓跋改为元。唐朝的元结、元稹、元载就是鲜卑拓跋氏的后代。至于保留着原来姓氏的，如慕容、长孙、上官、尉迟、耶律、完颜等等，都是内迁少数民族如鲜卑、西域诸族、契丹、女真等族的后裔。一些后来不存在的民族，它们的人口并不是从肉体上被消灭了，而是被融入了汉族。如一度统治中国北部的契丹人、女真人，在元朝时还被划为"北人"的一部分，元朝以后就与汉人没有什么差别了。所以，北方的汉人中少数民族成分相当大，也是移民的结果。

可以这样说，要是没有移民的话，无论是北方还是南方，都没有那么多的汉人，中国最大的民族是移民的产物。我这样说，同学们或者以为我不是汉人才这样说。其实，我也好，其他什么人也好，如果真是古代迁入中国的外族的后代，不是什么耻辱，而应该是一种光荣。不是吗？老祖宗从遥远的西亚、中亚、蒙古高原长途跋涉，历尽艰辛，最终成为汉族大家庭的一员，子孙繁衍，说明祖先在体力、智力上都是强者，有很强的适应性和发展能力，对后代来说是一种宝贵的传承。以前的人怕别人讲自己是少数民族的后人，这是民族歧视的结果。我们现在讲"炎黄子孙"，主要是一种文化的概念，不是真正的历史。如果十多亿中国人真是出于一位祖先，从医学角度讲，大概早就退化了。一个民族的来源杂一点有什么不好？有人问我是哪一个人的后代，老实说我也不知道。照以前的习惯，可以找一位历史上葛姓名人。如自称葛天氏之后，那不得了，与三皇五帝攀上了。据说诸葛亮的祖上姓葛，后改姓诸葛，姓葛的可以说与诸葛亮是同一位祖宗。至少还可以与晋朝的名人葛洪挂上钩吧！他也生活在江南，算得上名人。但据史书记载，鲜卑族有一支贺葛氏改姓葛，还有一支来自中亚的葛逻禄，说不定也有人流入中国，改姓了葛。所以，我也可能是鲜卑人或中亚人的后代。在这方面我们也要有点开放心态，对不对？

总而言之，汉族今天能够成为中国人口最多的民族，得益于移民，包括汉族自己迁移到各地，将当地民族吸收进来，也包括汉族敞开胸怀，吸收了大量从境外迁来的移民。

中国的少数民族的形成和发展也得益于移民。我们可以把少数民族分为几类：

第一类，本身是从境外迁来的，要不是移民就不能加入中国。如朝鲜族，今天的朝鲜族不是古代朝鲜人的后代，而是19

世纪开始从鸭绿江南部渡江过来定居的，与今天的朝鲜人和韩国人没有什么区别，说话也一样。我们复旦大学要开韩语课没有教授，就从延边大学找来了朝鲜族教授。要不是这些移民，今天中国的56个民族中就不会有朝鲜族。新疆有俄罗斯族，也是在19世纪迁来的。这些民族当然是移民的产物，是毫无疑义的。有的民族本身就是移民的产物，本来没有这个民族，因为迁移才形成了，典型的是回族。蒙古成吉思汗及其子孙一次次西征，一直打到了伏尔加河、多瑙河流域，带回了大批来自东欧、西亚、中亚和中国西北的工匠、炮手、士兵、俘虏。随着蒙古军队灭金和南宋，他们也迁到中国各地。他们不是来自一个民族或一个地区，生活方式和语言也不相同，但是他们有共同的特点，都信仰伊斯兰教。这些人在异乡客地逐渐形成一个新的民族——回族。直到今天，除了举行宗教仪式时用阿拉伯语，他们在日常生活中没有自己的语言和文字，就用汉语汉字。生活在哪里就用哪里的方言，在南京的回族说南京话，在北京的回族讲北京话。

第二类是中国一些古老的少数民族。有的民族的居住区基本上是稳定的，或者改变不大，但它们的发展也离不开移民。如藏族的祖先被称为吐蕃，其首领松赞干布娶了唐朝的文成公主。吐蕃最强盛的时候疆域辽阔，除了青藏高原本身以外，还包括今天甘肃省的西部、中部，四川的西部，云南的一部分，整个新疆，还有中亚很多地方，都是吐蕃的领土。在扩张的过程中，吐蕃将大批被俘的唐朝军民，包括汉族的和其他族的，迁到它的首都逻娑（今拉萨）和其他地方。唐朝的使者刘元鼎到达逻娑时，欢迎他的乐队奏起《秦王破阵乐》，原来（乐队）都是由被俘的唐朝人组成的。到逻娑后他又发现，很多接待他的人也是汉人。那些汉人后来哪里去了呢？显然都融合到吐蕃人中去了。前面讲过其他民族的人变为汉人的例子，其实也有不少汉人变成其他民族的人，变化是双向的。一个人生存的自然环境和人文环境改变后，不用说他的后代，就是他本人也会发生改变。我举个例子，长征时候有些汉族红军因为生病或掉队留在藏区，到纪念长征胜利50周年时去寻访他们，他们从相貌到语言已经全部像藏族人了。还有个例子，上海有位医生到青海工作，与一位藏族妇女结婚，后来他生病去世，儿子留在青海与藏族妈妈一起生活，女儿回了上海。前些日子，电视台把女儿送回去找妈妈，也见到了哥哥，她哥哥看起来完全是藏族人。这都只是一代人，如果几代、几十代，还能找到什么区别吗？由此可见，生活在其他民族中的少数移民很快会被多数人口所同化，民族间的融合是很容易发生并产生结果的。移民迁入一个地方，如果只是少数，文化上又没有优势，很快就会被当地民族所同化，他们的后代就融合到当地民族中去了。

第三类是通过移民扩大了自己的范围。如蒙古族，大家都知道蒙古族本来是居住在蒙古高原的，但现在我国内蒙古和蒙古国以外的不少地方也有蒙古族人，因为历史上蒙古人中曾经有过相当多的人迁往各地。我在西藏就遇到过蒙古族人，我说你不像藏族人，他说："对，我是蒙古族人。"有一支蒙古人曾经迁入西藏，并且征服了藏族统治者，统治过西藏。元朝时蒙古的军队被派往全国各地驻防，还有大批蒙古人被派往各地担任行政官员，他们的一部分后代现在就生活在这些地方，如云南、河南都有。清朝入关前满族就与蒙古族结盟，以后蒙古族将士到各地驻防，蒙古族官员到北京等地任职，又扩大了蒙古族的分布范围。

总而言之，要是没有历史上的移民，那么就不会形成今天56个民族这样的格局。所以我们说，中华民族的历史相当大程度上就是一部移民的历史。

第三方面，我想讲移民与中国文化。我们今天讲的中国文化是从哪里来的？当然是人创造出来的，文化最大的特点是离不开人。关于文化的定义，据说至少有300种，我只是强调一点，文化是离不开人的，由人创造，通过人传播。现在说这话也许不对，通过电视不是也能传播文化吗？但我讲的是历史，在古代没有电影，没有电视，没有电话，甚至连报纸也没有。即使有，传播的速度也很慢。靠书本当然也可以传播，但是比较起来，哪一个是最重要、最活跃的？当然是人。就是今天，通过电视看一场足球赛，哪怕是屏幕非常大、清晰度非常高的电视机，与我坐在足球场上的感觉能比吗？现在的多媒体技术正在解决身临其境的手段问题，今后我们通过多媒体不仅能听到声音，看到画面，还能闻到味道，感到冷热，甚至能够触摸。据说上海科技馆的全景电影已经有这样一些感觉了。但这些都是模拟，并不能真正代替身临其境，何况古代没有这些技术和设备。历史上无论是物质文明、精神文明，还是制度文明，任何一种文明的传播都离不开人。如果人口不流动，老是在一个地方，怎么向外界传播文化呢？所以人就要迁移。流动人口能不能传播文化？也可以，但是比较起来，还是移民最有传播文化的能力。

这里就要跟大家解释一下移民和流动人口有什么区别。我刚才讲，移民是指在一个地方住了比较长的时间，基本上定居下来的。流动人口呢？打一枪换一个地方。这两种人的最大区别在哪里？移民对迁入地有一种归属感，就是这个地方的人了。比如你现在在南京求学，假如你不喜欢南京这个城市，或者不喜欢南京的方言，你怎么想呢？过些年毕业了不就离开了！但是现在告诉你，你要定居下来，要留在这里，那么你要采取什么办法呢？第一要适应，没有办法，你不适应不行呀！不吃当地的东西，不说当地的方言，那你这一辈子怎么过呢？至少要听得懂啊！无论你是否愿意，都会有一种归属感。等到你有了足够的能力或地位，你就会积极地改变你认为不好的地方。比如你当了这里的领导，又觉得这个习惯不好，你肯定会想办法改变它。如果你只是流动人口，说不定忍耐一下就算了。中国历史上的移民都是这样，迁到一个地方后，如果自己的文化比当地的文化先进，就会想办法用先进的文化去影响它，推动它进步。历史上有很多这样的故事，一位官员或学者从中原到了边远地区，发展教育，移风易俗，使当地的面貌发生变化。所以，历史上对文化传播起最大作用的就是移民。

比如我们中国的传统文化，一个很主要的方面是儒家文化。儒家文化是怎么样传播的？最早时孔子在今天山东的曲阜讲学，当时他的弟子主要是北方人，南方人很少，据说只有一个言子。言子的墓在哪里？今天的江苏常熟。这是孔子弟子中唯一的南方人到北方去学习的。随着汉族人口向周围迁移、向南方迁移，南方的儒家文化就发展起来了。比如到东汉的时候，有一个大学者叫王充（今浙江上虞人），他到哪里学的学问呢？他跑到当时的首都洛阳，在洛阳学了几年，然后再回来。文化传播的过程都是这样的，把中原的文化、比较先进的文化传播过去，通过移民传过来。学术文化是这样，风俗习惯、方言、民间信仰等等，那更是完全通过移民传播的。我们知道中国的宗教不是很发达的，不像西方，中国真正信一种宗教的人并不多，倒是有很多人什么都信，实际是没有严格的宗教观念。有的老太太可以吃素，可以念佛，你问她佛教是什么，她就弄不清楚，什么菩萨都拜，玉皇大帝是道教的，她也拜。但中国形成的很多的民间信仰却是有明显的地方性的，往往只有这个地方的人崇拜。比如江西，因为山比较多，经常有山洪暴发，据说古代有个许真君，能除"蛟"（山洪），所以江西到处有许真君庙。江西移民迁到哪里，就将许真君的庙建到哪里。湖南有，贵州也有，建在贵州的叫万寿宫。所以凡是有万寿宫的地方，都有江西的移民。台湾现在最崇拜的神是什么？妈祖。妈祖出生在福建的湄洲湾，据说是宋朝一个姓林的总兵的女儿不小心掉在海里成了海神，可以保佑航海的平安，所以叫妈祖。现在的台湾人大多数是福建移民的后代，因为闽南人从福建迁到了台湾，他们把妈祖也带到了台湾，妈祖就成了当地一种主要的信仰。福建人迁到了浙江的山区，妈祖是保佑航海的，住在山区不航海了，还是要建一个天后宫，这个天后宫就成为福建移民聚会的地方。福建人迁到上海，在上海也建了一个天妃（后）宫。天津也有天后宫，说明也有福建移民。《三国演义》里的关羽被称为关公。关公可不得了，关公庙到处都有。我到台湾的日月潭去，那里有著名的文武庙，把关公与孔子放在一起，一文一武。台湾本来也没有关公庙，是大陆的移民带过去的。在新疆的天山里面也有关公庙，谁建的？原来清太祖努尔哈赤最喜欢看《三国演义》，行军打仗都在《三国演义》中找经验。他最崇拜关公，所以清朝到处造关帝庙。后来满族人驻守全国各地，有的军队在天山驻防，也造了关帝庙。蒙古人跟满族人结婚，清朝的公主嫁给蒙古人，也把关帝庙建到了蒙古，连外蒙古（今蒙古国）都有关帝庙。

又如方言，中国的方言实在太多，在南方有些县里，东边的人跟西边的人都不能用同一种方言说话。我最近到浙江的龙港镇去，这是由农民建起来的，有六个方面的移民，讲五种方言，所以大家讲普通话才听得懂。中国这么多的方言是怎样形成的呢？也都是移民的结果。我讲一点附近的例子吧。长江三角洲南部都是吴语区，上海、无锡、苏州、常州，方言差不多。长江北面照理说是江北了，但也有一小块吴语区，因为来自江南的移民迁到崇明岛，再从崇明岛迁到江苏的启东和海门，所以这一带人不是讲苏北话，而是讲吴语。到了南通，话就难懂了，南北口音交叉。过了南通，东台、如皋、海安、如东这一带就说苏北话了。照理说长江应该是一条分界线，但方言是根据人口的来源来划分的，决定于移民的分布。江南的界线也很清楚，丹阳与南通差不多，是交叉点，到了镇江就讲苏北话了。现在的四川话与湖北话很接近，整个西南地区都差不多。历史上曾经有过"江西填湖广，湖广填四川"的大移民。江西是移民的主要输出地，江西人迁到了湖广（今湖北、湖南），以后湖广人又迁到四川，再从四川迁往云南、贵州，西南官话方言区就是这样形成的。

方言里还有个特殊现象，一个范围不大的地方讲一种与四周大方言区不同的方言，称为"方言岛"，就像一片汪洋大海中的岛屿一样。这完全是移民的产物，杭州就是一个典型。杭州周围都是说吴语的，但是杭州人说话到现在还带儿化，有北方话的特征。大家知道宋朝的历史，北宋被灭后，康王赵构与一批皇族官僚从开封迁到杭州，建立南宋。由于杭州成了南宋的临时首都，很多从开封南逃的百姓也集中在杭州，原来开封城里的商店、寺庙都在杭州重新开张。这些开封移民人数虽不一定比本地多，但他们说的话与皇帝、贵族、大臣、富商一样。开封人地位高，当地人反而要学他们的话，时间一长，杭州城里就成了开封话的天下。南宋灭亡后，杭州失去了特殊地位，这个方言岛逐步淡化。

但在明朝这种现象还很明显，直到今天影响还存在。在云南、贵州、湖南，有的小镇上讲的话跟周围都两样，原来这是明朝时候在这里设立过卫所，驻过外来的军队。明朝卫所的驻军不从当地人中招募兵员，而是由他们的原籍补充。如果是从淮北来的驻军，有了缺额就从淮北招来补充，与驻地不发生关系。军队与周围的百姓没有什么来往，更不通婚，所以虽然几百年过去了，依然存在这种特殊现象。

如果有兴趣研究中国的地方文化、风俗、建筑等等，可以去找找移民方面的原因，十之八九都找得到。移民与文化的关系还可以举出很多例子，篇幅关系就讲这些。

第四方面，我想讲移民与地区开发。中国现在各个不同地区之间有不小的差异，东部与西部之间的差异更大。各地的经济有的发展快，有的慢，有先进，有落后。原因当然很多，但都与历史上人口的来源有关。在古代，绝大多数生产是靠体力的。农业生产是体力活，力气大能一个抵两个的人总不多，一般来说都是与劳动力的多少成正比的。劳动力的多少就决定了一个地方能不能被开发和被开发的程度。在开发的初期，靠本地的人口是不够的，得靠移民。除了数量，还有一个移民的素质的问题。同样数量的移民，文化和技术水平越高，起的作用就越大。特别是一些手里有行政权力，拥有一定的财产，有较强的组织能力的移民，即使数量不多，对一个地方的开发也能起很大的作用。所以，历史上从先进和发达地区迁入落后地区的移民，往往能促使一个地方很快地被开发起来。这就是我们今天为什么说西部除了资金以外，还需要人才方面的支援。近代的上海就是个移民城市，外来移民及其后裔超过总人口的70%。还应该注意到一点，上海的外来移民中百分之七八十是从苏南和浙北迁去的。这是9世纪以来中国经济文化最发达的地区，从那里迁出的人口大多有钱、有文化、有生产技术、有经营管理经验，总的来说素质比较高。天津也是个移民城市，天津的人口主要迁自河北，还有一部分来自山东等地。近代河北、山东的发展与苏南、浙北比相对差一些，来自那里的移民在经济、文化素质方面也相对弱一些。天津的发展不如上海，移民的来源是一个重要原因。

东北也是一个有意义的例子。一个地方的人口增加到一定程度，经济发展到一定程度，照理会出现文化上的进步，涌现一些文化名人。东北却是一个例外。从1860年大规模移民到1960年就有一百年了。当时作为重工业和农业的基地，东北的经济已经在中国占有重要地位。但在这一百年间，东北出了多少全国性的人才呢？实在有限，全国知名的科学家、学者、文学家、艺术家都很少，甚至在东北工作的科学家、教授、工程师很多也是江苏、浙江或南方来的。东北似乎只有作家的名气大一点，如萧红、萧军，大概是因为作家的成长对外界条件的要求低些。原因何在？我刚才讲到了移民的来源。早期迁入东北的移民绝大多数是山东、河北的贫苦农民，本身没有多少文化，基础差，经济发展起来后，文化没能同步发展。东北还有特殊情况，经济有了一定的发展以后，外国文化也大规模侵入，而中国的本土文化却很弱，日本人侵占后强制推行日文和日本文化，俄国人凭着特殊地位推行俄文和俄罗斯文化。中华人民共和国成立后，东北的经济一度发展很快，但重点发展重工业，调到东北去的都是工程师、技术人员、理工科大学的毕业生，具有人文社会科学基础的人不多，所以在经济发展后并没有随之出现一个文化发展的高潮。说到底，一个地方的文化水平与最早的人口来源、这些人口的素质有密切的关系。我们不但要看到移民的数量，更应该重视移民的质量。正因为这样，我们现在讲一个地方的开发，很强调智力资源。对落后地区，要给予经济上的支援，更要研究如何通过移民输入高素质的人才。

第五方面，我想讲移民和城市发展的关系。中国今天城市化的程度在世界上是比较低的，但我们现有的城市可以说都是移民的产物。上海在1843年开埠，是鸦片战争后"五口通商"中的一个。那时上海全县人口不过50万，那些建租界的地方都是农村。但是到1949年解放时，上海的人口已经有600万左右。这600万人中大多数是外来移民或他们的后代，上海完全是依靠移民发展起来的城市。这样的例子很多。随着交通的发展，在交通枢纽往往形成新的城市。比如安徽的蚌埠，从这个名字看就知道原来不会是个城市，是一个500户人家的渔村，后来津浦和淮南两条铁路在这里相交，是铁路枢纽，城市很快发展起来，人口增加到20万。还有些城市是由工业带动起来的，像东北的沈阳、鞍山、抚顺、本溪，都是因为有了工厂、煤矿、铁矿才发展成为一个城市，或者扩展成为大城市。大庆一带本来是农村，因为发现并开发了一个大油田，就成了中等城市。这些城市中的人口从哪里来？除了少数本地人以外，都是移民。中国近代的新兴城市都是移民的产物。

第六方面，我想讲移民和人口的分布。中国今天的人口分布很不均衡，那么怎么使人口分布比较合理呢？只有一个办法——移民。1935年，中国著名的人口学家、人口地理学家胡焕庸画成了中国的第一幅以县为单元的等值线人口密度图。地图画成后，他发现了一个规律：如果从黑龙江的瑷珲（今黑河市南）至云南的腾冲画一条直线，线东南部分占全国总面积的36%，人口却占了总数的96%，而西北部分占总面积的64%，人口只占4%。这种分布格局，到现在还没有根本性的变化。当然东部和西部的自然条件差异很大，但是这样的分布也是移民的产物。比如瑷珲以南部分的东北原来人烟稀少，直到大批移民迁入后才形成了人口稠密区。今天要改变人口分布的格局，使它比较合理，完全靠当地人的努力是不够的，还是要靠移民。

移民对人口素质的提高也起过很大作用。我一直相信这个说法，人口需要流动，才能提高素质。比如改革开放以前，中国农村人口的通婚半径很小，农民只能在很小的范围内通婚。这样造成人口素质相对低下，先天性的残疾、精神不正常的比例也较高。以往还可以通过逃荒流动，中华人民共和国成立后不需要逃荒了，农村人口不能迁往城市、迁往外地，活动范围和通婚半径都太小。中国历史上出现过无数次人口迁移，经过长途迁移，最后能到达迁入地，并且能够生存下来、繁衍下去的那些人，一般都是身体素质和心理素质上的优秀者，是生存能力上的强者。刚刚不是说了嘛，如果我们的祖先真是从中亚迁到了中原并且能生存繁衍，那都是了不得的，至少身体素质好。逃荒、要饭、迁移，成千上万里路，身体不好的都病了、死了，或生不出孩子了，能够生存下来的肯定是强者。移民的过程就是一次一次的自然淘汰、优胜劣汰的过程。

移民也有些坏的作用。比如一个地方出了传染病，人口不流动，传染区一般不会扩大，移民迁移就把病传过去了。中国历史上几次大的传染病都是随着人口的迁移而传播的，比如鼠疫就造成过大量的死亡。移民当中也会出现些问题，不好的风俗习惯也会随着人口迁移而迁移。但是最终的结果还是积极的，像传染病，尽管当时危害很大，但是人类也因此找到了对付传染病的方法。

第七方面，我想简单讲一下移民对今天的中国、对未来的中国有什么好处。中国今天还是离不开移民，我们要实现现代化，某种程度上就是人口的重新分布。今天中国城市化的程度仍不高，距离发达国家城市人口已经占到的80%甚至90%还有一定距离。为什么一定要城市化呢？像我们中国这样一个人口稠密的国家，要是不通过城市化的话，很多现代化是没有办法实现的。我们以前经常看到报道，说某县实现村村通公路，甚至山里一个几户人家的小村，公路也修到他们的家门口。比如说一个县要家家通电，但如果人口集中一点不是更好吗？又如解决用水困难，人口分散的地方，要接根水管可能得花2000块钱，如果把人口集中在一起，说不定每家20块钱就解决问题了。很多地方的生态破坏和环境恶化就与人口分散有关，人口适当集中可以节约资源，减少对自然环境的破坏。全世界的经验几乎都证明，现代化不能在农村建成，一定要先发展城市，等非常发达以后，人口再从城市中分散出去。费孝通先生以前提出过发展小城镇、农民离土不离乡的模式。离土不离乡，就是发展乡镇企业，让农民就近到工厂干活，或者农忙务农，农闲做工，不要离开农村。这个模式在当时起过积极作用，但有局限性，也不是普遍适用的。现代化的过程中需要大批农民向城市转移。再说为什么农民一辈子不能离开农村？像江南这样集中了很多大中城市、经济发达的地区，有条件发展小城镇，但在西北，往往几百里路内没有一座城市，小城镇怎么能发展起来？工厂配个螺丝钉得来回跑一天，怎么发展得起来？更不能带动其他城市。像这样的地方，一定要依托于城市，发展具有一定规模的城市，才能提高生产效率。中国的未来必定是一个大移民的过程，这是一个使我们的人口分布与国土、资源、经济、文化的分布相适应而重新配置的过程，不通过移民是无法完成的。我们要实现边疆的巩固、国家的统一、民族的团结，进一步实现民族和文化间的融合，也离不开移民。

总而言之，我希望读者朋友们多了解中国移民历史，知道在实现现代化的过程中移民所起的重要作用。每到春节的时候，回家过年和节后出外打工的民工特别多。有些城市居民包括一些大学生就会抱怨，都是这些民工把我们的城市弄得那么乱。在上海，我不止一次在电视台告诉大家移民对上海的贡献。我说，你们对流动人口采取这么一种态度是很不应该的，不要忘记，你们的祖父或父亲当年就是这样到上海来的。住在城市的大学生，你不要看见民工就讨厌，其实你们大多数人也是流动人口，也有一个与当地的文化结合融合的问题。中国离不开这么多民工，需要人口的流动，不让农村人口迁入城市，不完成人口重新配置的过程，是不能得到持续发展的，也实现不了现代化。

2002年6月，葛剑雄于东南大学

古代中国人的天下观

葛兆光

现代人读过一点书的，都知道"地球是圆的"，这似乎是不言而喻的常识。但是这个常识是现代才有的，即使在西方，也是哥伦布、麦哲伦以后的事情。对现代世界来说，哥伦布、麦哲伦发现新大陆、环绕地球航行，是非常非常重要的事情。这对西方人来说尤其重要。为什么呢？原因有三点：第一，在西方人关于世界的知识系统里，终于有了一个完整的世界的图像。对自己生活的这个地球，人能够完整认知，这是非常重要的。第二，在整个地球上所生存的各个民族的文化的比较中，西方人开始确立了自己处于中心的或者比较高的地位。我们先不谈这对还是不对。这样一来，在当时的追求富庶和文明的价值观里，他们就形成了一整套的话语，比如说，未开放民族、东方人、蛮族等这些词。这对他们非常重要，这是因为他们确立了"我"在地球文明系统

　　　　　　　　九州天下：中国文化与中国人

中的位置，确立了西方人自己的世界中心和巅峰地位。第三，基于对自己的地理和文化位置的确认，西方人充满了把握世界的自信心。我们知道，人不能单靠自己来了解自己。任何一个民族对自我的认识，实际上都是借助对他者的认识才建立的。这三点在西方知识史上，尽管现在我们可以说，它是西方殖民话语的起源或者背景，但是我们要承认，它在西方知识史上非常重要。

话说回来，我们反过来看看我们中国人自己。非常非常有意思，古代中国也曾有过一套让中国人觉得非常自豪的世界观，或者叫"天下观"。大约在两三千年以前，虽然那个时候的中国人并没有完整地到过世界上的各个角落，甚至他的足迹可能并没有超出我们现在说的"东亚"这个范围，但是，在自己的经验和想象里，中国人已经建构了一个自己的"天下"。他们想象：第一，自己所在的地方是世界的中心，也是文明的中心。第二，大地好像一个棋盘，四边是由中心向外不断地扩展的。大家如果会下围棋，就很容易想象。第三，地理空间越靠外，就越荒芜，文明的等级也越低，也就越野蛮。那么，这个对"天下"的看法，到底给中国人带来什么呢？我们等会儿再讲。

现在，我们首先讲第一个问题，就是"天圆"与"地方"。大概在战国时代，有一篇文章叫作《禹贡》，收在《尚书》里面，还有《国语》这本书里，有一篇《周语》，这里面有"九州"和"五服"的说法。所谓"九州"，就是传说大禹足迹所及的冀州、兖州、青州、徐州、扬州、荆州、豫州、梁州、雍州。

从现在的地图上看，从北向东再向南、再向西，顺时针方向划出一块地区，大概包括现在的河北、山东、江苏、湖北、湖南、河南、四川、陕西、山西这一块。这一块地区，就是战国时代人所想象的"天下"。这一块地方，常常又被称为"禹域"。尽管古代中国曾经分裂成许多诸侯国，但是"禹域"大致是一个互相有认同的空间。从考古发现的青铜器上，我们看到山东出土的青铜器的铭文上，有"禹域"这样的词。在陕西发现的青铜器上也有。还有一个西周中期的青铜，内底有铭文共98个字，就讲到"大禹治水"的事情。这就说明中国人互相认同的空间，实际上，在很早很早以前就形成了。但是这一块地方，只不过是我们现在所说的汉族人居住的这么一个区域。

所谓"五服"，就是在王畿之外，有五等不同的区域。"王畿"是王所住的地方，是"天下"的中心。王畿之外，首先是"甸服"。"甸"，是郊外的意思。"甸服"之外，是"侯服"。王把自己的亲戚功臣等，按照不同的远近亲疏，封为公、侯、伯、子、男各种不同的爵，给他一块地方。"侯服"就是被封了爵位后得到的一块属地。比如，周武王封姜尚山东营丘，因为他帮助周朝打了天下，就封在"齐"。对于殷商遗留下来的诸侯贵族，周武王在现在的河南给他们一块地方，叫"宋"。他自己的弟弟周公旦，被封在"鲁"，就是现在山东曲阜这个地方，叫"鲁公"。"侯服"之外，是"绥服"。"绥"原来的意思，是古代人坐的马车旁的绳子。古代的路没有现在这么好，怕掉下来，所以在马车边上要有根绳子拦着，所以它从"系"旁。为什么叫"绥服"呢？意思是说，你就好像是马车边上拦着的那根绳子，怕人掉下去，所以搁在那儿，关系比"侯"又远了一层。再往外，是"要服"，这个"要"念"yào"。"要服"是什么意思呢？就是约定的意思，我们约定好，你服我管，但我也不太管你，只是约定而已。最外面有个"荒服"，这大家都知道，荒凉得很，反正好像就不太管了。据说，每一服是五百里，加上王畿是五千里方圆的这么一块地方。这就是古代人想象中的"天下"，构成了一个像"回"字形的大地。

古代中国有很多文献，能证明在古代中国人的心目中，他就是这么想的，"天下"就是这么一块地方，大地就是一个方的。那个时候的中国人有没有到过更远的地方呢？可能有。虽然我们现在没有什么特别直接的证据，但是根据一些考古发现可以知道，中国人实际的知识，绝不限于这上下左右各两千五百里的这么一块地方。比如，殷墟出土的殷商时代的甲骨文，据说其中有龟甲是马来龟的龟壳。这说明，古代中国人的交通其实走很远了。现在有人猜测，安阳那个地方所铸造的青铜器，有些原料的产地甚至远到云南。也就是说，在那么早的时候，中国人实际上走到的地方是很远的。但是大家注意，实际的知识和观念的世界是不一样的。他其实已经到过很远的地方了，但是，在观念世界里，他还是想象"天下"就是这么一个方的。"天下"就是"九州"，"九州"就是上下五千里这么一个地方。

为什么会有这样的想象呢？我们猜想，这跟古代中国人关于空间的想法是有关的。古代中国人相信"天圆地方"，就是相信天就像一个斗笠，或像一个圆的锅盖，扣在我们的头顶上，而大地是方的，像一个棋盘。这个有点奇怪，其实古代也已经有人提出，这个想象有点麻烦，如果天比地大，圆的天就罩到地的四边外面了，如果地比天大，那地的四个角又扣不进了。但大家都不管，古代中国人始终相信"天圆地方"。这里我插一句，就是说可能很多讲我们中国古代科技史的人，都喜欢讲中国在西汉中期已有"浑天说"。"浑天说"比较接近现在科学认识的宇宙，但是，它在中国古代影响并不太大。真正影响大的还是这个"盖天说"。古代中国有很多人在观念里就认定，天是一个圆的东西，地是一个方的东西，而且这个观念渗透在古代的很多器物、建筑和各种各样的用具上面。

请大家看这个例子。古代人想象，天就像个斗笠，最高处、中心处是什么呢？北极。北极旁边有北斗，北斗就像是四季斗柄转动：斗柄向东，天下皆春；斗柄向南，天下皆夏；斗柄向西，天下皆秋；斗柄向北，天下皆冬。从视觉上说，北极好像是不动的。他们就想象，天有一处中心永远不动，最重要，而动的地方，都是围绕中心，地位是等而下之的。尽管古代中国人很早就意识到，中国这块地方并不在北极的正下面，也就是说不在天的正中央，但是他们仍然相信，它是在我们的头顶上的。古代人想象，天的中央是北极，北极就是天帝。古代有个太一神，就是北极星。太一坐在北斗的车上，然后指挥北斗朝四个方向转，转的时候，天下就四季轮回。这种"天圆地方"的观念，渗透到了中国古代的各个方面。

例如，良渚文化里最早发现了一种礼器——"琮"。玉琮的形制外方内圆，立面分为若干节，在当时是一种神圣崇高的礼器。为什么这种中孔圆形、外面方形的礼器，让五六千年前的古代中国人这么重视呢？根据考古学家、人类学家的解释，是因为这个"琮"模拟了"天圆地方"，所以，它有一种非常神秘的、能够与天地沟通的功能。这是美国哈佛大学的人类学家张光直先生最先提出来的，这个想法现在被很多人接受。所以，跟天地相关的事情，都要模拟"天圆地方"。像清代建造的天坛，祈年殿是圆形建筑，但是外面是方的。包括古代祭祀天地的明堂、圜丘，甚至包括古代占验未来用的式盘，上面是圆的，下面是方的。古代中国人认为，模拟了"天圆地方"的东西，它才可能有一种神秘的、对应天地的功能。一直到现在，围棋中间那个位置还叫"天元"，四面是"星位"，棋盘是方的，实际上跟这个"天圆地方"观念也是有关系的。

在古代中国人的观念里，认为自己所在的位置是中央，并且由于我们在中央，所以我们的文明等级也高于四夷。而四边呢，无论是在文明上，还是在财富上，都远远低于中央。那么，古代中国人对"天下"的观念延伸出去，就产生了所谓"北狄、南蛮、东夷、西戎"等一系列的观念。古代中国人相信，我们的

"九州"就是"天下"，中国就是应该傲视四夷的。什么叫"中国"？就是中央之国。什么叫"华夏"？"夏"，就是文雅的"雅"。古代中国人相信，中华文明应该远远地辐射和教育四边的蛮夷。他们是蛮夷，我们应该对他们有所教化，这个观念来之久远。说实在话，我并不见得很赞许古代中国人这种自大和封闭的思考，但应该承认，这种天下观给古代中国人带来了自信。基于这种自信，在很长时间内，我们都把自己想象成"天下"，至于那些蛮夷，他们就好像不存在似的，即使存在，也是需要我们去教导他们的。

接着讲的第二个问题，是古代中国人对天下的怀疑和幻想。古代中国还是有一些怀疑的传统，并不是所有的人都相信我们的"九州"就是"天下"。我刚才说了，古代中国人实际上走过的地方，关于外界的实际知识，可能要比我们现在想象的还要多。比如说，在周朝就有传说周穆王到昆仑山、见西王母。到底他到的是哪个地方？往西走了多远？不知道。那么，到了战国时代，尽管大家都对"天下"有这么一个观念，但还是有人提出疑问。首先是齐国的邹衍。可能因为齐国人在海边，所以，比较富有想象力。邹衍提出一个"大九州"说，他认为儒者所谓的"中国"、所谓的"九州"，仅仅是"天下"的八十一分之一。中国是"赤县神州"，中国之外，还有同级别的八个州，四边都是海包围着，合在一起才叫"九州"。像这样的"九州"，一共有九个，被大瀛海环绕。所以，"天下"一共有九九八十一个九州，

　　　　　　　九州天下：中国文化与中国人

"中国"只是"天下"的八十一分之一。可是，这个说法没法证明，所以《史记·孟子荀卿列传》里讲邹衍"其语闳大不经，必先验小物，推而大之，至于无垠"，说他是想象的。古代中国人很轻易地把邹衍的想法当作一种想象和传闻，于是，它就不再是地理和历史，而只是传说和故事。

但是，到底邹衍的想法是完全的想象，还是他真有一点点根据呢？不很清楚。现在我们的学术界越来越倾向于可能当时古代中国有一些关于外面的知识，是我们现在所没有想象到的。比如，四川广汉的三星堆，出土了很多很奇怪的青铜器，时间大体是在殷商时候，这些青铜器跟中原的青铜器很不一样。为什么会有这么奇怪的东西存在？有很多学者，包括德国、法国和美国的学者，就说三星堆的青铜器，从纯粹的风格上来看，离中国中原的风格远，而离西亚、南亚的风格近。是不是这样？我不肯定。不过，类似邹衍"大九州"这种想象的世界、想象的天下，也并没有改变古代中国人的观念。长期以来，相当相当长的时间，中国人还是自居于天下之中，还是觉得，天下就是我们中原这么一点，而且总是居高临下地俯视着四边的"蛮夷"。

这种情况到汉代，曾经有一个转变的机会，那是一个很重要的机会。公元前138年到公元前126年，也就是在汉武帝时代，张骞奉命出使大月氏国，任务是联合大月氏国夹击匈奴。大月氏国在现在的帕米尔高原以西，今天的阿富汗、克什米尔和巴基斯坦一带。而且他还听说了乌孙、安息、身毒国，这些地方就是今天的西亚、南亚。于是，公元前126年当他逃回长安的时候，他就把这些情况告诉了汉武帝。这件事情非常非常重要！我想有三点：第一，这件事情把中国人对周边的实际知识，从东亚扩大到了整个亚洲。过去我们中国人比较熟悉的是朝鲜和日本，但是张骞这个事情，使我们关于世界的知识从东亚扩大到了整个亚洲。第二，这个事件刺激了中国人探索外部世界、与外部世界进行交往的欲望。在张骞出使西域以后，汉帝国开始有了大规模向外探索的行动，包括张骞出使西南，后来班超班勇父子开拓西域交通等。第三，对我们中国人的观念世界来讲，最大的变化就是观察到了不同的族群，经济文化的舞台和背景，开始由中原的汉帝国扩展到整个亚洲，甚至欧亚之间。现在我们有一个词叫"全球化"，而那个时代至少已经有点"亚洲化"了。

不过可惜的是，这件事情虽然增长了古代中国人对"世界"的知识，却始终没有改变中国人对"天下"的观念。这是很奇怪的。古代中国人所想象的"天下"，还是以汉族所在的地方为中心，加上日益扩大的四夷，还是中心清楚、边缘模糊。古代中国人甚至觉得，四夷尽管在那里，可是占不到什么地儿。从汉到唐，尽管中国人关于世界的实际知识已经扩大了很多，但是仍然没有觉得外面的世界很精彩。长期以来，中国人对这一点非常固执。固执的原因很简单，就是尽管中国人跟外面的世界交往非常多，但是外面的文明始终没有对中华文明有真正的挑战。所以，中国人始终相信：我们就是天下的中心，汉文明就是天下文明的顶峰，而周围的民族是野蛮的、不开化的民族，不遵循汉族伦理的人是需要被拯救的。不过有一点，中国人不大会主动去征服四夷。中国人所说的"用夏变夷"，不是说去攻打他们。只有在西晋的时候，有个叫江统的人，写了一篇《徙戎论》，主张把野蛮人迁到别的地方去，要跟他们划个界线。西晋那个时代，汉族人有点儿顶不住了，于是就要跟四夷隔离开来。

说了这么多，实际上就是：一方面，古代中国人关于"天下"的实际知识是越来越丰富了，他们对外面的世界很了解；但另一方面，他们的观念世界里的那个"天下"，始终就不改变。大家可以看一些古代中国的图画。例如，梁元帝萧绎画的《职贡图》，上面画了滑国、波斯、百济等国的很多外国使臣像，并撰文述各国风情。这说明古代中国人对外面的世界其实蛮感兴趣的。但是，为什么叫"职贡"呢？就是说，我是天下贡主，你们这些蛮夷要拿着礼物来履行你们进贡的职责。再如，新疆克孜尔第七十七窟唐代壁画《牧羊人》，很明显是一个异族的形象。尽管早在汉武帝的时代，李广利、霍光带军队早已经到过这些地方，很多汉人已经在那里定居了，可是在这些壁画里，还有很多异族形象。在汉唐时代，在中国内地生活着很多胡人、夷人。据说，唐代长安西市的波斯人就有十万，波斯人专门做珠宝、药材交易，比我们现在北京、上海住的外国人比例大得多，那个时候开放的程度，也比我们现在大得多。到了宋代，尽管北边被辽、金控制着，但宋代的海洋贸易非常发达，在现在的泉州、广州，外国人多得很。元代更是横跨欧亚两大洲的大帝国，疆域非常大。当时有一个波斯人叫札马鲁丁，1267年做了一个地球仪。根据《元史·天文志》记载："其制以木为圆球。七分为水，其色绿。三分为土地，其色白。画江河湖海，脉络贯串于其中。"可见，这个地球仪相当准确，而且有经纬线。当时依照阿拉伯历法编制的"回回历"，一直沿用到明朝。到了明代初期，阿拉伯人的历法和天文地理知识，就已经很深入中国了。明成祖朱棣的时代，郑和下西洋，那就更不要说了。这些都可以证明，中国人对外面不同国家、不同民族的人，实际的认识已经很多很多了。

但奇怪的是，中国人的观念里，还是觉得天下就是我们这一块，其他地方都是小小的，小到就好像是缝在衣服边上的一个装饰品似的，仿佛不存在。大家可以看看宋代的《华夷图》。所谓"华夷"就是中国和外国。可是，宋代的在《华夷图》上，你连日本都找不到。日本好像可有可无。印度啊，大月氏啊，这些地名都写上了，可是根本就没多大，所以整个的描述还是我们的"九州"。据说中唐或北宋时期的《禹迹图》，主要描绘的也是汉族居住的地区，把实际上很庞大的外国都画在了各个角落里。还有一幅南宋的《地理图》，是目前为止看到的海岸线画得最准确的宋代地图，但是在这个地图里，四周的外国仍然很小很小。《地理图》下面有一大段文字，意图引发"故国疆土"的黍离之情。这段文字说明，当时中国人在辽和金的压迫之下，还是要强化自己，说我们汉族人的地方好大，虽然你们暂时占领了我们的

九州天下：中国文化与中国人

地方，但是你们的地方还是很小的。

我们现在讲第三个问题，就是佛教传入中国和中国天下观的改变。古代中国人的天下观念，曾经有过一次改变的机会，这就是佛教传入中国。刚才我们说，之所以外面的国家民族和文明的知识没有能够对中国的天下观念造成根本改变，是由于外来的文明不足以挑战汉族文明。但是，唯有一个是例外的，就是佛教。对以儒家传统为中心的汉族文明来说，佛教的挑战是根本的。按照佛教的说法：世界上至少有两个文明的中心，那就是佛教产生地天竺，就是印度，和你们儒家的中国。佛教进入中国以后，简单地说，它有三条道理，是汉族的儒家文明无法反驳，或者说也绝不能接受的。这样就形成了非常大的挑战。

第一，佛教提出宗教权力可以跟世俗皇权相并立。我们知道，欧洲古代有神权，有王权，两种权力是分离的。而中国古代皇帝始终拥有三种权力，政治权力、军事权力、宗教权力合一。这是造成欧洲的文明跟中国很不一样的重要原因。佛教进入中国之后，曾经有过一个非常大的挑战。东晋时代佛教提出了一个话题，就是"沙门不敬王者"，意思是佛教徒可以不尊敬皇帝、不尊敬父母，但不能不尊敬"佛、法、僧"三宝。如果沙门可以不敬皇帝、不敬父母，而使得宗教权力优先的话，那么，中国历史上就会出现两个并立的权力，这样历史可能就会改写。但是，这在当时引起了很大的争论，也是中国的汉族文明绝对不能接受的。这是一个根本性的挑战。

第二，天地的中心不在中国，而在印度。为什么呢？他有他的道理，而且比你更有道理。因为东周定都洛阳，所以，中国古人视洛阳为天地的中心。但是佛教说，不对，怎么可能是在洛阳呢？明明是在我们印度。从地理学、天文学的角度来讲，洛阳是站不住脚的。魏晋南北朝刘宋时有一个佛教徒，他就提出来：你们说洛阳是天下之中，就是天顶中心的正下方，那么我问你，洛阳什么时候能够立一根竿子而"日中无影"？只有一天，就是"夏至"。夏至这一天，太阳比较当顶，可以做到"日中无影"。可是，我们印度好长时间里，都可以做到"日中无影"啊！那当然是我们在天下的中心啦！咱们现在有个成语，叫"立竿见影"。印度好长时间都立竿不见影，洛阳那儿经常立竿见影。所以，印度才是天地之中。从地理学和天文学的角度，中国人不大讲得过他们。可是，对佛教的这些说法，后来中国人就不吭声，高挂免战牌，这个事情就过去了。

第三，佛教提出来，最高的真理、最优秀的人物和最正确的生活方式不是儒家，而是佛教，因此佛教是更高的文明，至少也是一个跟儒家一样的、自给自足的一个文明体系。很遗憾，后来佛教中国化，儒、佛、道三教合一，佛教最后还是匍匐在中国的皇权之下，还是得承认皇帝比它大。但是，尽管佛教在逐渐屈服于中国的皇权，承认它是在儒家文明之下的，作为辅助性的一种文明存在，但是，因为佛教传来的过程中，它曾经有过这样的一段历史，于是就给中国的天下观提出了一个挑战。我们可以看一

九州天下：中国文化与中国人

看宋代佛教徒志磐所编的《佛祖统纪》，里面关于世界的地图有三幅。第一幅画的是中国，是一个中心；第二幅是西域诸国图，画的是西亚和中亚，是第二个中心；第三幅则把印度作为一个独立的单元画出来了。请大家注意，这是在明代中期以前，也就是利玛窦来到中国之前，唯一不以中国为中心的世界地图。

就像我们前面说的，佛教的冲击并没有改变中国的天下观念，而是还要再过几百年，一直到大航海之后初期全球化的16世纪，这种情况才真正地改变了。万历十二年，也就是公元1584年，意大利耶稣会传教士利玛窦在广东肇庆画出了中国这块土地上的第一幅具有现代意义的世界地图——《山海舆地图》。这个时候，中国人才突然看到了真正的"天下"，在思想上出现了一个天崩地裂的变化，过去"天圆地方"的观念崩溃了。

关于利玛窦其人其事，我们等一下再说。现在我先说一个插曲，就是我要说的第四个问题。我们知道，15世纪以后，哥伦布、麦哲伦成了西方的骄傲，也成了西方人在世界上地位的象征。他们认为，因为这个新世界是我先发现的，所以我就是它的主人。我最近看了一本书，叫《人类的主人》，是西方人写的，主要描述欧洲帝国时代的文化心态，就是说在15世纪以后，西方人成了人类的主人，自觉很了不起。但是，一贯自居于天下中心的中国人，对此事非常不愉快。特别是到了19世纪的后半期，处于被压迫受侮辱地位的中国，一方面对西方羡慕不已，力图与西方人在科学上平起平坐，另一方面对西方成为中心感到非常非常不满。特别大的一个表现，就是在最软弱、最危急的时候，激起一种最强烈的民族主义。谁说美洲是你们西方人发现的？明明是我们发现的。你们西方那些发明，有什么了不起？古代中国早已有之：光学，墨子那儿就有；植物学，荀子那儿就有；化学，更早了，庄子那边就有。这种妒羡交加的心情，是后来一段时期内中国人在西方的压迫下，普遍存在的一种心情，忌妒和羡慕始终交织在一起。

在我们今天说的这个话题上，一个很流行的故事就是：中国人比西方人更早发现了新大陆。这个故事很有趣。1865年在秘鲁北部的山洞中发现的一座神像上铭刻着"武当"两个汉字。这件事情影响非常大！在1879年，离现在一百多年前，天津出版的一份报纸《益世报》上面登载了这个消息。于是，这件事情就开启了一百多年前一直到现在的一个大话题。很多人因此追溯历史，有人就发现说古代中国人根本不是那么封闭的，《山海经》里讲的"扶桑"，可能就是美洲的墨西哥。

还有更离谱的。公元5世纪东晋高僧法显赴天竺学习佛教真理，《佛国记》记载他取经回来的路上，船被大风一吹吹跑了，流落到一个叫耶婆提国的地方。有人就认为，可能法显记载的耶婆提国就是美洲，所以，中国人至少在5世纪的时候就已经发现美洲了。刚好传说美洲有一个说法，说是一千四百多年前曾经有一艘来自远方的船，到过墨西哥的阿卡普尔科港。这个"阿卡普尔科"，有人就说跟这"耶婆提"很像。所以，美洲怎么会是哥伦布发现的呢？在很长时间里，都有一批人在讨论，是中国人发现了美洲。这种毫无根据的猜测，我们要理解，这背后是一种让我们同情的心情。这个心情就是，当世界越来越变成是西方人主导的时候，过去曾经认为自己就是天下中心、文明等级最高的中国人，始终有一种被反弹激发出来的民族情绪。

从学术研究的角度看，这个想象实在是荒谬得可以。自晚清以来，很多人都在讲这个话题。20世纪70年代，清华研究院国学门毕业的一位老先生卫聚贤，还写了这么厚的一本书，书名就叫《中国人发现美洲》。有人说"扶桑"就是加州红木，我去加州看过那个红木，实在想不出来它怎么会叫扶桑。还有更怪的。有人说诗人李白曾经到过美洲，因为李白诗里写道"海客谈瀛洲"。而且还有人举了好几个具体的实证的例子。比如，向日葵在孔子的时候就有了，而向日葵是来自美洲的作物。这些基本上都是胡说八道。在孔子的时候，"葵"是一种菜，而不是向日葵。

这一类古怪的想法很多，尤其到了20世纪90年代。有人联想说，公元前1027年，当殷商被周人打败的时候，美洲刚好出现了高度文明的奥尔密克文明。于是，一定是殷商人被周人打败，就往北迁、往东迁，然后越过了白令海峡，又从阿拉斯加南下到了美国加利福尼亚州，然后再沿着加利福尼亚州，最后南下到了墨西哥。有些理由看上去很有道理。你看因纽特人、印第安人，长得跟中国人真的很像！有位学者提出了一个很有趣的想法：为什么叫印第安人呢？因为殷商王朝的人非常怀念故国，见面就互相问"殷地安否"，所以就成了"印第安"人。到跨世纪的时候，这个故事就更奇怪了。有一位古文字学者，被一个荒唐的华裔美国人邀请到美国，专门去研究印第安人刻符。有一次，美国报纸上把他的大幅照片登出来，他站在一个印第安玉圭面前，玉圭上有四个符号，他在那儿仔细地看，底下用英文写了他的解释。他是研究甲骨文的，他说：我已经破译了这四个符号，意思是统治者们和首领们建立起了王国的基础。我也学过一点儿甲骨文，可是我不太懂，四个符号怎么能解释出这么一大堆事。

我想，中国人早就发现新大陆这个说法，毕竟是一种想象，而且这种想象至今无法被证实。在1958年，胡适给一个年轻人写过一封信，这个年轻人曾经也提出过这种想法。胡适就告诫他说：我终生注意治学方法，一生最恨人用不严谨的态度和不严谨的方法来轻谈考据，你要仔细地去读一读书，想一想，不要轻易地发布所谓的发现，因为那可能都是想象。胡适是一个非常讲科学精神的人，他对这个想象深恶痛绝。我跟胡适的态度一样又不一样，我对这种想象抱有最大的理解，因为我觉得在这些想象，哪怕是最荒诞的想象背后，一直寄托着一百多年甚至是好几百年以来，中国人对西方逐渐掌控世界话语权的复杂心情。

话说回来，如果你要讲中国人发现美洲，你至少要给我四种证据。第一，中国人和因纽特人、印第安人是不是同一人种？你要拿出基因分析，否则的话我不相信。第二，什么武当碑、印第

九州天下：中国文化与中国人

安刻符等，你要拿出实际的证据来。那个刻有"武当"的石碑，到现在找不到，不知道是真是假。至于那个刻符，说老实话，连我这个学过古文字的人都没看出来到底是什么意思。我不相信，可能有人因为事先心里预存了一种观点，所以越看越像吧。第三，你要证明中国人到过美洲，就要告诉我，当时中国人的天文学与对星辰位置的判断能力如何，因为航海是需要参照星辰确定自己的位置和方向的。而且你还要告诉我，那个时候他是如何补充淡水的。你不可能像金庸武侠小说《倚天屠龙记》里那样，说金毛狮王谢逊和张翠山、殷素素他们往北边走，随便拿了棒子打个什么海豹，喝了血了，然后说是天上下雨，又什么捞了一块冰。那是小说，你不能这样。第四，关于"扶桑"的地理，要用真正扎实的文献根据来告诉我，为什么扶桑不是日本、不是琉球，而是美洲？你不能随便说，对不对？所以我想，这只是说明了在民族情绪支持下关于世界的想象，表现了中国人希望成为世界文明发现者这样一种很痛苦的心情。我对这种心情表示最大的理解，但是我决不能认同这种说法。

我们现在讲第五个问题，就是1584年利玛窦在广东肇庆刻画的《山海舆地图》。这是在中国绘制的第一张现代意义上的世界地图。很有趣的是，这张地图后来不断被翻印或摹绘，从万历十二年（1584年）至万历三十六年（1608年）的25年间，竟被刻印、摹绘了12次，流传很广。包括万历皇帝，他也曾命南京司礼监的太监摹了一张6幅屏风大小的副本。利玛窦有些担心：这张地图虽然是将就了中国人的，把中国放在中间，但是我把中国画得这么小，皇帝会不会怪罪我藐视中国人呢？的确，当时有很多守旧的大臣攻击利玛窦，说他有意丑化我们伟大的帝国。我们中国怎么只有那么一点大？而且利玛窦自己说是经过了好长时间，从九万里远的地方来到中国的，这真是荒诞不经啊！他其实早就躲在哪个小岛上，再到我们这里来，从而编造出他是经过多长时间来的。但奇怪的是，利玛窦在明代万历年间来到中国以后，很多中国人都接受了他，包括最聪明、最进步的知识分子，比如思想家李贽、南京礼部侍郎叶向高，以及很博学的士大夫徐光启、李之藻、杨廷筠等，都相信他。特别有趣的是，万历皇帝也很喜欢他。万历皇帝明神宗是个怪人，当皇帝40多年，可是他特别不爱管政治，特别爱吃喝玩乐，喜欢小敲小打地搞点小东西。万历皇帝一看到利玛窦的《山海舆地图》，很喜欢，于是就命太监复制这张地图。皇帝发了话了，太监就用绢给他画了这么一幅，现藏于南京博物院。皇帝接受了这幅地图，事情就好办了，对不对？这样一来，这幅地图，尽管把中国画得只有这么小，也有了合法性。到我们现在能够看到的明代中期到清代初期，按照利玛窦画的世界地图，一共有12种。

其实，利玛窦画这个地图，不仅是给中国人传授知识，他有他的目的。利玛窦在他的日记里曾经说过一段话，他说："当他们看到自己的国家比起别的国家来说是这么小，中国人的骄横可能会打掉一些，会乐于与其他国家发生关系。"的确，我们刚

　　　　　　　九州天下：中国文化与中国人

才说，古代中国那种天下观念，使得古代中国和其他国家打交道的时候总是把自己和其他国家的关系定位为朝贡的关系。我是天下的君主，你们都是来进贡礼物的小国，很少有平等的多元的观念。在隋朝的时候，日本派使者拜访隋炀帝，国书上说："日出处天子致书日没处天子。"隋炀帝大为不悦：居然日本跟我扳平身份呢！不行的。所以，1793年英国特使马戛尔尼勋爵率团出使中国，觐见乾隆皇帝的时候，礼节方面双方就产生了矛盾。据说，让他向皇帝下跪，他不肯，最后大家互相妥协一点，他没有双膝跪地，只是一个膝盖点了点地就算了。但是，中国人拒绝了英国通商的要求，认为我天朝大国无所不有，不屑于与尔蛮夷做生意。你们那些东西我们应有尽有，我们只不过是照顾你们的情绪，让你们送点东西给我，我还要大量地赏你们东西。所以，中国皇帝经常赏给各国朝贡特使很多东西，赏的东西基本上比他们送来的都多，这叫"厚往薄来"。

那么，从思想史来看，利玛窦这幅地图引起了中国人天下观念一个非常深刻的变化。因为它开始告诉中国人：第一，人生活的世界不是一个平面的、方形的东西，而是圆形的。当时就有人不理解了，怎么会是球形的呢？明朝有个士大夫写了一篇文章，说这个蛮夷可笑可笑，他居然说跟我们有脚对脚站着的人。如果这样的话，我们打一个洞，不就打到他们家了吗？这是不可能的事情，怎么可能一个人跟我倒着站着，他还不掉下去呢？不可能的！所以，这个地图引起的震撼非常大。第二，世界非常大，中国只占亚洲的四分之一，亚洲只占世界的五分之一，中国并不是浩大无边的、唯一的大国，反而是很小的。这个观念对中国人的冲击也太大了！这就引起了明朝中后期一直到清代的一个很大的争论。因为过去中国人总是想象，我们的"九州"就是"天下"，我们最大，我们在中间，你们那些个边上的都是小小的地方。甚至到了清朝徐继畬编著的《瀛寰志略》里，那是19世纪中叶画的了，画亚洲地图的时候还是把中国画得特别大，占了亚洲的一半。第三，古代中国的"天下""中国"和"四夷"的说法是不成立的。中国不一定是世界的中心，"四夷"可能是另外一些文明的中心。在他们的眼里，中国可能是他们的四夷。这就很麻烦！于是，中国中心观、中国的那种朝贡体制的天下观念，开始崩溃了。第四，这个地图还告诉中国人一个很重要的观念，就是"东海西海、心同理同"。这个话是南宋著名学者陆九渊说的。这话的意思是：东海有圣人，西海也有圣人，心是一样的，道理也是一样的，只要是真正的圣人，只要是真正的真理，都是有普遍性的。在这种情况下，人们就要接受世界各种文明，而且可能真有一些超越了民族和国家的普遍真理。恰好，这时是在明代的中后期，是王阳明学说占主导优势的时代，而王阳明心学，恰恰就是接着陆九渊的思路来的。我们应该说，王阳明的学说在那个时候基本上有一种思想解放运动的意味。这使得明代中后期西洋传教士所带来的这些新文明，能够得到一些士大夫的支持。正是在这样的情况下，传统的"中国作为天下中心""中国优于四夷"的这种基本假设就彻底被打破了。

实际上，在16世纪的时候，西洋人的世界观念很多已经传入中国了。在利玛窦以后，这些知识在中国开始慢慢进入了中国知识分子的世界里面。我们可以看到清朝《四库全书》里的《皇清职贡图》，画的荷兰人、法国人和葡萄牙人，都很准确。明清之间比利时传教士南怀仁画的世界地图《坤舆全图》，采用了两半球的画法。但是，我们还是要说，这种新知识的传播过程，是非常非常缓慢的。《四库全书》里收的一幅明代末年的地图，尽管它已经把利玛窦的世界地图所包含的很多新知识都画进去了，但仍然是中国占了大部分，画得很大很大，而英国、法国、荷兰，包括日本，都画得很小很小。所以说，新知识的传播、新观念的改变是非常缓慢的。一直到清代乾隆年间，中国人仍然沉湎在"天下朝贡，我为共主"的想象里面。尽管中国人已经知道，世界上有各种各样的国家，什么英吉利、法兰西、荷兰、葡萄牙等，但他还是说这些外国人是"万国来朝"，他们是来朝拜的，中国还是天下的共主。

一直要到什么时候呢？一直要到1895年以后，中国人才真正地、非常痛切地从那种想象中挣脱出来。我们中国人很怪啊！我要说一个谬论，我是觉得鸦片战争的影响，远不如甲午海战。中国被英国、法国打败了，并没有感觉到切肤之痛，因为那是远夷；可是被日本打败了，那真是惨极了！中国人在1894年甲午战败，到了1895年签订《马关条约》，才真正地睁开眼睛。居然连这蕞尔小国，小小的岛夷，都把我们打败了！这个时候，中国人才真正地感觉到切肤之痛，真正地迫切要求改变。

所以，到了1895年以后，中国所有的地图才都按照西方的画法。尽管在这之前也有过按照西方的画法画的，但是"天下观"并没有真正改变。所以我觉得，1895年是中国历史上一个很重要很重要的年头。追溯上去说，利玛窦到中国的那个时代，也是中国很重要的历史的开端。如果说，我们现在是在全球化过程里的话，这个全球化，实际上是从"天下"的崩溃、进入万国时代，也就是说，从利玛窦时代开始的。我想这一个改变，对中国人来说，是非常非常重要的。我今天讲的"古代中国人的天下观"，实际上跟现代中国人的世界观是有密切的关系的。

最新考古发现和中国古代文明

李 学 勤

我写《最新考古发现和中国古代文明》这篇文章，目的在于介绍考古学。但是这不是简单地介绍考古学本身的发现和情况，而是想着重谈这么一个问题：考古学作为一门科学，它最近的一些发现，如何改变我们对人类文明和人类历史的一些重要的认识。

　　考古学是一门应用科学，这个观点是国际公认的。英语中"科学"是"science"，对历史学、文学等学科是不适用的，可是考古学是包括在"science"里的。众所周知，美国每一年都要出版一本《科学年鉴》。《科学年鉴》不仅仅反映美国的科学发现，还反映全世界的科学发现，当然以美国为主了。打开《科学年鉴》，考古学位居第一，因为考古学的英文单词"archaeology"的首字母是"a"。考古学出现在19世纪20年代，所以到今天为止也就两百年左右的历史，从整体上说，它是一门历史不算很长的科学。

需要说明一点，我们中国人有个传统的偏见，就是认为考古学是一门古老的学科。考古学所考的东西那么古老，不是古老的学科吗？如果对历史比较熟悉的话，你会感觉古代好像从来就有考古学。在西周初年的时候，中国已经有了文物的收藏；在西汉的时候，已经有人研究中国的古文字；到北宋的时候，我们出版了最早的考古图目——《考古图》，今天我们所说的考古学就是从这本书里来的。《考古图》里面，除了没有照相术以外，今天我们的考古文物图目表内容，可以说基本上都具备了。中国是很早就有考古学的，但是这不是我们今天所说的"科学的考古学"，现代意义的考古学是外来的。

现代科学意义的考古学，是在生物学上和哲学上的"进化论"思想，以及地学方面取得的一些成果的影响之下产生的。在这样一些学科的影响之下，开始把它的研究重点转移到研究历史上的物质遗存，这样才产生了现代的考古学。全世界有一个考古学史会议，主席是英国学者格林·丹尼尔，他写过一本《考古学一百五十年》。到今天为止，应该说考古学已经有近两百年或者更多一点的历史。中国有现代意义的考古学，那就更晚了。现代的考古学传入中国，是1900年前后的事。20世纪初的时候，有一些先进的学者，比如梁启超，翻译和介绍了一些日本学者的成果，这些成果里就谈到了关于考古学的一些基本观点。

现代科学意义的考古学，是何时在中国建立的呢？我们以这样一个标准来衡量，就是以中国人自己亲手来组织和主持田野的考古发掘作为标志。19世纪末的时候，有很多外国人包括日本人、俄国人、英国人等，到中国来探险、调查，也做过一些考古学的工作，但都不是中国的现代意义的考古学，是外国人做的。中国人自己第一次组织的田野考古发掘研究是在1926年。当时的清华大学成立了一个研究院，后来我们习惯称之为"国学研究院"，当时没有这个名称。在国学研究院有四大导师，就是梁启超、王国维、赵元任和陈寅恪。这四大导师之外，研究院还有一个讲师，叫李济。李济是湖北钟祥人，他曾在美国哈佛大学人类学系学习。他不是学考古的，是学体质人类学的，主要研究人的骨头测量这些东西的。这和考古学有联系，所以他懂得考古学。李济在清华的时候，就主持了中国人自己组织的第一次考古发掘，地点在山西夏县西阴村，这个发掘成了现代考古学在中国建立的标志。后来中央研究院历史语言研究所就成立了考古组，到1928年开始发掘殷墟。所以大家应当认识到，考古学是一门现代意义的真正的科学，有它本身的理论、方法和技术。同时，现代考古学在中国，实际上历史是很短的，到2021年为止刚满一百年。

　　但是中国考古学从一开始，就做出了光辉的业绩。从1928年的殷墟发掘开始，一系列的重大发现，可以毫不夸张地说，震动了国内和国际的学术界，受到各方面的注视。中华人民共和国成立以后，在全国范围内普遍展开了考古工作。尤其是在改革开放以后，随着建设的不断发展，考古学工作更是大规模地展开。因此，我们每一年都有一系列考古的重大发现。每一年到了十二月份的时候都会登一条消息，排出当年的考古十大发现。这是由国家文物局组织的，邀请了各方面的专家来评选当年中国有什么样的考古重要发现，一般是十个，或者更多一些。可能大家会觉得，评十大发现是不是太多了？我可以负责任地说，考古学在中国评选十大发现，没有充数的。因为我们每年的发现，要说十个重大发现，这个数是不够评的。这也说明最近的二三十年里面，我们的考古工作取得了重大的成果。这些成果使得全世界都有一个公认：在20世纪中国的各项学科里，考古学是发展最快、成绩最大的学科之一。这是客观的情况。

考古学发现究竟有什么作用呢？考古学和我们的生活、文化、精神有什么样的联系？我想很重要的一点，就是因为有了现代的考古学和中国考古学的一系列发现，我们对中国整个历史和文化的一些重要的观点发生了重要的改变，而且有时候改变的幅度相当大。我在这篇文章里会介绍我国考古学发现所引起的这些改变。由于篇幅的限制，只举四个例子，每个例子都包含一个故事。通过这些故事，我们可以看到我们过去对世界的认识是如何因考古发现而有所改变的。

第一个例子是2002年我国发现一件西周时期的青铜器，这件青铜器上的铭文记载了夏代"大禹治水"的传说。这个事件是非常重要的，实际上已经引起了国内外相当广泛的注意和讨论。应该说，这个发现带有一定的偶然性。大家知道，科学的发现虽然是有着必然规律的体现，可是每每出现在偶然的现象之中。牛顿从树上掉下来的苹果中发现万有引力的故事就说明了这一点。这件青铜器是"盨"，像是一个比较厚重的、长方形的大饭盒，椭圆角，上头应该还有个盖子。盨的横半面真是个饭盒，这并非笑话，因为它是在典礼和祭祀的时候用来盛饭的。这个新发现的青铜盨，我们管它叫"遂公盨"，因为它为西周时一个遂江的诸侯所有。这件青铜器不是由考古发掘发现的，而是由盗墓贼发现的。由于这个原因，究竟从何而出，无从考证。这件盨被发现之后，流散到了香港，也有很多专家学者见到过它。由于上面有很多的锈，字很不好认，所以当时并没有人认识到它的重要性。后来发现字比较多，实际上铭文在盨的内底，共有十行，九十八字，就把它送到了北京来做鉴定。

我们当时见到的时候，那真是其貌不扬。这就是一个青铜的饭盒，可是它的盖儿已经丢了，而且它的两个耳朵环儿也没有了，是一个残破不全的东西。我看见它的时候，它外面全是土锈，跟土里挖出来的一样，而且它上头看着有很多席子痕迹。这件东西在被埋藏的时候，是用草编的那种席子包起来的，而且可以看见它被包起来的时候，这个席包在口沿儿上。这就证明它在地下的时候已经跟盖儿分离了，因为如果有盖儿的话，它就被包在一块儿了。我考察铭文，慢慢地把头一行字念出来了——"天命禹"，意思是天命令大禹，后面又看到"山川"。我说："这可不得了！"天命令大禹干什么啊？后头提到"山川"，那就可能和"治水"有关系了。这件东西后来就被北京的保利艺术博物馆收藏了，收藏之后把这锈去掉，九十八个字就都显露出来了，才发现是一篇过去从来没有想象到的相当重要的铭文。这篇铭文里很详细地讨论了"大禹治水"这个故事。这件青铜器被送到上海博物馆，把这锈做了很好的去除，就发现还有非常高的艺术价值。

为什么我们认为这件青铜器的发现非常重要呢？有人可能说，"大禹治水"这事没什么稀奇啊！在中国古代的史书、所有的启蒙书里，都提到过这个故事，民间也有很多传说。中国古代有个时期唐尧、舜、禹之间禅让。从唐尧的时候就发生洪水了，造成了很大的灾害，结果老百姓不能在平地住，只好上山去住。这样就民不聊生了。虽然唐尧和舜是这么好的王，但他们也没办法。怎么办呢？谁能够治水？当时有个叫鲧的人就被派去治水。鲧当时很努力去治水了，可是他的治水方法不好，他没学过水利学。他主要的治水方法就是修堤堵水，哪儿水上来了，他就修堤挡一挡。结果当然是这边挡住了那边又流了，那边挡住了这边又流了，这就叫作"拆东墙补西墙"。结果洪水越发越大，老百姓依然倒霉。当然这个"水利部长"就被撤职了。不仅是撤职，舜还把他杀了。谁能接替他治水呢？大家说他的儿子能行，他的儿子就是禹。禹也不仇恨舜，他担负起了治洪水的责任。古书上记载，禹当时结婚不久，刚刚有了小孩，他在外到处巡视，发动群众治水，三次经过家门口他都没空进去看一看。结果他用了十几年的时间，真把洪水治好了。他的办法就是疏导，哪个地方水多，就把河道加深加宽，这样洪水就得到了治理，百姓从山上搬下来了，重新安居乐业、治理九州了。这个故事在中国《诗经》《尚书》等古籍里都有，是众所共知的。

可是这个故事有多大的可信度呢？首先，这个故事肯定有一定的神话成分。古代的历史都是历代相传的，不但是中国古代历史，外国的古代历史也是如此，说到远古的时候，都带有神话成分。比如古希腊的荷马史诗《伊利亚特》《奥德赛》等等，那里面神话成分就多了。那么，究竟有没有大禹这个人呢？疑古派学者顾颉刚先生在1923年出于对九鼎传说的理解，根据许慎《说文解字》的解释，即"禹，虫也，从内，象形"，就提出禹"或是九鼎上铸的一种动物"，就像我们在铜器花纹上看到的蛇纹或蚕纹，"大约是蜥蜴之类"。鲁迅先生在《故事新编·理水》中就专门讲到这个故事、这个笑话。"大禹是条虫"，在当时成为很流行的一段话。不过，我们不要否认或笑话这件事，这是当时人的一个认识，还是有他的进步性的。可是怎么证明夏朝的存在？怎么证明大禹的存在呢？怎么证明"大禹治水"这个传说里包含着事实的真相呢？这需要证明，不是我们说它可信就可信，这需要有考古学的支持。

王国维当时对这种类似"大禹是条虫"的观点进行了抨击。

他就说了，世界上的古史总是跟神话混在一起的，要区别是很困难的，但是我们疑古也不能太过度。如果连尧舜禹你都认为是没有的话，那就过度了。他举例子说，周代的两件铜器，一件是齐国人的，一件是秦国人的，铭文上都提到了"禹"。从这些材料来看，当时东西两大国的人都认为禹是存在的，是古代的一个王。这证据听起来好像很好，可是王国维举的这两件铜器都是春秋时代晚期的，年代不够早，和我们《诗经》《尚书》里面所记载的实在差了一大截，这就很容易遭到辩驳。而且这些春秋时代的铭文里，也没有提到"治水"，这就很成问题。1930年前后，郭沫若在日本写了一部《中国古代社会研究》。他也是看了"古史辩"的这些论点，就写了一篇《夏禹的问题》的文章，同样提到了这两件铜器上的铭文记载。但是他只不过进一步说明这些铜器是当时的一种乐器，从考古学上来看，并没有向前前进一步。

现在我们发现的这件"遂公盨"，是西周中期的。它的时间大约在公元前850年，当然也可能再稍微晚一点儿。因此，我们就把有关"禹"的考古学证据向上推了几百年了。而且它清楚地讲明了"大禹治水"。最有意思的就是这个铭文里的一些话，不但内容，而且用的词、字都和《尚书》完全一样。开头说："天命禹敷土，随山浚川。"所谓"敷土"，按照古语说就是分化九州，这是《尚书·禹贡》里头的话。"随山"，就是沿着山去砍树木；"浚川"就是挖河道治水。然后铭文又讲到大禹怎么做王等这些故事。这样的话，就给出了一个明确的考古学证据，可以证明至少在公元前850年左右，我们诗书里所讲的那些故事都是存在的。这就使我们对中国古代文明的历史的认识向前大大推进了一步。这样的证据是非常重要的。如果你有机会到北京去旅行，可以去看看这个"遂公盨"。如果你对文献感兴趣，可以查一查它和《诗经》《书经》还有其他的包括《史记》的关系，你会发现里边有很多语言都是一样的。这是我们从来没有发现过的一个重要的材料。"遂公盨"的发现，并不是说"大禹治水"完全都是历史事实，它还是带有一定的神话性，但是可以证明西周人是这样的看法。

第二个例子是关于商代的。写到现代考古学在中国建立的历史，特别需要强调1926年，那是中国人自己主持的第一次田野考古发掘。但是那次发掘的规模实在太小，发掘的水平不高，成果有些混乱。今天考古系本科学生实习，如果做出这样的成果，恐怕就毕不了业。现代考古学真正在中国站住脚，那还是1928年的殷墟发掘。在中学课本里，我们都读过关于殷墟和甲骨文的发现。可是有一件事你可能不知道，甲骨文的发现在考古学上对人类古代文明的研究所起的作用，完全可以和古代埃及文字的发现相媲美。这是世界公认的。古代埃及和古代中国的文明在世界上是特别系统、特别完备的。有意思的是，古代埃及文字解读的钥匙和我们中国甲骨文的发现鉴定正好相差一百年整。

众所周知，古代埃及的象形文字，不像商代甲骨文那样被埋藏在地下，大多是在古埃及神庙、金字塔、石碑等这些东西上刻

九州天下：中国文化与中国人

着，可是没人认识。因为那些象形文字的读法早就失传了。解读这些文字的钥匙，是1799年在埃及发现的"罗塞塔碑"。罗塞塔是个地名，在这个地方发现了一个黑色玄武岩断碑，大概就像桌子那么大。碑文有两种文字三种字体，同样的内容，是相互对照的。第一种是埃及象形文字的圣书体，就像中国的篆书；下面的是埃及的草书体，就是一般的写行草的字体；最下面是希腊文。正因为有这个对照，我们才能参考希腊文的内容看懂埃及文字。这就是一个解读的钥匙，没有这把钥匙就不能读懂。

"罗塞塔碑"是如何被发现的呢？18世纪末叶，法国拿破仑率军远征埃及，他的军队开头是精锐部队，最后是辎重，而中间是科学家。拿破仑当时组织了各种各样的科学家到埃及去，在军队力量保护之下进行考察。欧洲的殖民主义者都是这样，包括到中国来的那些也每每如此。当时拿破仑成立了一个埃及学研究所，他手下的官兵在罗塞塔城附近修筑防御工事的时候发现了这块石碑。可是不久之后，拿破仑被英国人打败了。他的舰队包括运古物的船，都被英国人掳走了，所以"罗塞塔碑"现在保存在伦敦的大英博物馆里。我在英国的时候常常去看，每次观看的时候都是感慨万千，饶有兴趣。

而我国在河南安阳殷墟发现甲骨文是在1899年。甲骨文流传到了北京，被当时著名的金石学家王懿荣发现。这人非常值得纪念，他是山东福山人。传说是这样，当时他生病到药铺去买药，药里有一味"龙骨"。其实这"龙骨"就是化石，在我国很多化石被当药吃了。这种现象很多，说不定今天还有这个现象。王懿荣当时在"龙骨"里就发现了一块甲骨，上面有字。以他的学识，他认出这是古代的字，因此他就命仆人将抓药的那家药铺中这种带有符号的"龙骨"全部买下，还告诉古董商去买。这东西当时是一两银子一个字，这是很贵的。王懿荣通过各种途径收买了不少。到了1900年，八国联军进京的时候，王懿荣负责北京的保卫工作。他抵抗不了八国联军，就带着全家投井自尽了。王懿荣不但是一个重要的考古发现人，而且也是一个抵抗外来侵略的英烈，值得我们纪念，现在山东福山有他的纪念馆。

甲骨文的发现带来了我们考古学上最重要的一个遗址，这就是安阳的殷墟。开始的时候，大家并不知道这些有字的甲骨从哪儿来。古董商买了甲骨文，然后运到北京、上海或者卖给外国人，他当然不肯说他是从哪儿买回来的。他要是说了，你自己就去买了，他就没饭吃了。古董商的特点就是"声东击西"。比方说在陕西买来的，他就说在河南；河南买来的，他又说在江西。瞎指挥你，这样的话你就没有办法了。不过，那个时候的古董商还比较老实。他怎么说呢？他不说安阳，他说是汤阳，实际上不过几十里的路程。当时有一个著名学者罗振玉，他是浙江上虞人，是我们近代一个非常重要的考古学先驱。他就把古董商找来盘问，盘问盘问就说走了嘴，结果古董商就承认这东西是在安阳小屯村这地方出土的。罗振玉马上派他的弟弟到那儿去调查，他自己也去了，确定了甲骨文出土的地方就是黄河以南的安阳小屯

　　　　　　　　　　　　九州天下：中国文化与中国人

村。确定的这个地方就成为，不但是中国，而且是全世界的考古学的成果之一，直到今天还是极其重要的。

到了1927年，北伐战争之后，当时的国民政府定都南京，建立了中央研究院，之后就进行了考古工作。经过罗振玉、王国维等学者的研究，全世界都公认了甲骨文是商代的遗物。但我们不知道商代是怎么回事。发现了商代遗物，就要求专门进行对这个遗址的发掘，所以发掘殷墟是必然的。从那个时候开始一直到现在，除了抗战期间停止了发掘工作以外，其余时间一直都在发掘。到了1950年，我国考古工作首先做的就是恢复殷墟遗址发掘，一直到今天没有停止过。这也是我们中国现代考古学上历史延续最长的一个遗址。最近的考古发现使得我们以往有关殷墟的认识，包括对商代的认识，有了根本的改变。为什么提这一点呢？考古学是一门真正的科学，科学总是不断进步、不断发展的。现在我常听到一句话，叫"与时俱进"。科学其实就是与时俱进的，而且科学的一个特点就是进了就不能退。科学的东西是可以反复检验的，这也是科学的一个特点。考古学也是如此。殷墟的发掘进行了这么多年，它是不断前进的，所以只有我们不断发现，才能使你的认识不断更新。

我从1996年开始负责"夏商周断代"的工程。这个工程是被列入国家"九五"重点科技攻关项目的，是科技部十六个重中之重的一个项目。这个项目中的一个很重要的课题，就是专门在殷墟扩大我们的调查和研究。在我们工作的过程中，考古工作者有了一个突破性的发现，那就是在安阳这个地方还有一个商代古城，这是原先完全不知道的。在殷墟这个地方，虽然已经进行了长期发掘，发现了大量的甲骨文、大量的建筑基址、大量的墓葬、大量的灰坑，还发现了防卫型的水宫，但从来没找到过"城"，就是城墙。长期以来，我们对殷墟的商代首都的认识，只是停留在这个地方只是一个没有城墙的大聚落。我们后来对商代城市的情况有了进一步了解，在考古工作中就觉得这个事情很难理解。

19世纪50年代，先是在河南郑州发现了商代的城。当时郑州马上鼓吹起来了："哎，我们郑州有商代的城！"那个城墙很大的一部分是后来明朝时期的城墙，因为明朝时期有相当一部分城墙是在商朝城墙上砌起来的，人们因此赞叹中国文明史绵延不绝。当时也有人对这个城墙表示怀疑，后来经过反复的解剖发掘，证明郑州那城墙确实是商代的，而且是商代前期的，比殷墟要早得多。这些城墙保存得很好，有的地方又高又厚。有意思的是，问题又倒回来了。既然原来我们说殷墟没有城，所以郑州的城是可疑的；现在人家郑州的城是肯定的了，那么殷墟为什么没有城呢？我们又在河南偃师发现了更早的城，比郑州还要早一点，可修得很好。殷墟没有城，就更不好理解了。怎么回事呢？后来我们在殷墟终于发现了城，这个城的位置使我们恍然大悟。

为什么找不到？前些天我们在安阳说，可能上了司马迁《史记》的当了。"殷墟"，就是殷的遗址。司马迁在《史记·项羽本纪》里记载，秦末西楚霸王项羽在安阳与秦军遗留下来的章邯所率军队谈判："章邯使人见项羽，欲约。……项羽乃与期洹水南殷墟上。""洹水"就是我们现在所说的黄河，今天还在那里。后来我们考古发现甲骨的位置就在黄河南，所以当时的学者受到司马迁的影响，根据这一记载判定这就是"殷墟"。我们整天想着"洹水南殷墟上"，眼睛就只看黄河南，而没看黄河北。过去我们也曾经在黄河北发现了商朝大墓，所以更觉得黄河北只有王陵，没有很大的居住区。这是一个传统观念。

忽然我们在黄河北发现了一个城。那个地方有一个军事小机场，先是逐渐发现了一些铜器、陶器，鉴定后发现时代比殷墟还早。这是怎么回事？当时不太明白，就要进一步去调查。这一调查就发现了城墙的基础——墙根早就不存在了，可是墙基还在。在找这城墙基槽的过程中，又找到了城门。这个城的大小，每边大约都在2000米左右，这个面积非常之大。这么大的城，是迄今为止我们发现的商代古城里最大的一个，而且还非常完整，在中间有大型的宫殿遗址，其规矩的程度看起来就像北京故宫。中国历史上的商代，它的时代和埃及的新王国时期差不多，而夏代就和埃及的中王国时代差不多。现在我们才知道，在商代的时候，中国人已经能够建立那么大规模的城了！这就使我们对商代文化的认识完全不同了。

第三，这是一个可以对比的例子。四川古代蜀国文化的发现，是近年来最为惊人的发现之一。不过我想讲的还不是大家心里马上想到的"三星堆",而是比三星堆更新的成都的金沙发现。四川成都,实际上是一个比较浅的盆地结构,那里不大刮风,因为周围有山环绕,风不太容易形成。在这个地方,按古书记载有一个古国——"蜀"。蜀国有许多自己的古史故事,传说有"三皇",就是"天皇""地皇""人皇",在人皇时期就有了蜀国。这个蜀国在夏商周时候是诸侯国,那时候就有联系。现代的历史学家,对这些古书上的记载,一开始是全盘否定的,甚至有的学者提出来,如果想真正研究四川的古代史,最好的办法就是完全不听那些传说,因为那些传说是无法证实的。但是现在我们的考古发现证明,那些传说都是有根据的,跟过去的看法完全相反。

在1929年的时候,成都北边有个县叫广汉,古代叫汉州,广汉下面有个叫月亮湾的地方,那里有个农民叫燕道诚。有一天他在家门口挖一条水沟,就做这么一件很简单的事。这个水沟是原来就有的,这一天燕道诚跟他的儿子们想把沟挖深点。他们拿锄头刨土的时候,忽然下面出了一个玉器。这是一个玉璧,圆形的,中间有一个孔。他看见这个玉璧之后,没有声张,悄悄地收兵了。到了夜里,他带着家里人又去发掘。他这一挖,出来大量的玉石器,一整坑各式各样的文物,从最小的到最大的像宝塔一样倒在里面。其中最大的璧比一个脸盆还大,现在被收藏在广汉市博物馆,不过这是个石头的璧。

这些出土文物当时惊动了很多人。在1934年,当时成都的华西大学，那是个教会学校，由英国考古学者葛维汉和中国学者林名均两个人带领一支考古队，到那个地方进行了一次真正的考古发掘。他们挖到一些陶片什么的，可是真正好的玉器没了，只有一些碎块。这次试掘证明那确实是个遗址，但是当时的人思想被传统观念束缚住了，认为四川自古是蛮荒之地，这地方哪有什么古史啊，这些东西估计是汉代的。我想说，科学从来是反对成见的，任何科学发现都是要打破过去的成见。可惜他们被这成见束缚住了。这个消息后来传到了当时在日本的郭沫若那里，他眼光比较好，他向华西大学要了些照片，看了。他认为这些东西，第一和中原文化有关系，第二可能不是汉代的，可能是周代的。这已经是革命性的突破了，他没有被成见束缚住。这种情况后来一直继续下去，一直到中华人民共和国成立后，四川大学、华西大学在这些地方做了很多的调查研究，逐渐认识到这些地方有很古老的文化，有比周代更早的，但是对这些文化的性质和年代还都没有充分的认识。

一直到20世纪80年代，这个地方有了新的发现。刚才不是说这个地方叫"月亮湾"吗？当地对广汉的中心地带有一个说法，说这个地方是"三星伴月"。"三星伴月"是我们30年代一个流行歌曲的名称，很有名的。为什么叫"三星伴月"呢？因为北边有月亮湾，南边有三个土堆，叫"三星堆"。现在我们知道三星堆这个地方是当地古城的南城墙的外边，正好是举行当时的祭祀典礼的地方。在这个堆上面，当时就有所发现，发掘出了两个很大的埋藏器物的坑。实际上这里头都是燃烧过的，估计当时举行过祭祀典礼。这两个器物坑里有大量的象牙、青铜器、炭灰，还有很多的石器玉器等等。这是80年代的事，当时英国的报纸对此登了很大的消息。三星堆里发现的铜人，有两米高，很大的人头，眼睛鼓着，耳朵伸出。还有由青铜制造的神树，是中国最大的青铜器，现在是残缺不全的，高度已经达到四米。这些都是很重要的发现，大大改变了我们对当地古代文明的认识。因为这些器物，包括玉器、陶器、青铜器，尽管有鲜明的地方特点，可是也显示了中原文化对它们的强烈影响。从这些材料上我们就可以看到，成都平原上以三星堆为代表的文化，是一种独立的文化，但也是一种在中原文化强烈影响之下的地方文化，而且它从中原的夏代一直到商代、周代都受到了影响。这两个器物坑的时代，经过碳十四放射性元素的测定，确定相当于殷墟时期，也就是商代后期。

可是大家还是被一种传统观点束缚住了，就是认为发现三星堆的地方就是当地文化的中心。有这种成见，还是因为没有充分研究文献上的记载。文献上明确记载，古代蜀国的中心并不在这里，而是在成都，今天的成都就是古书里记载的古代蜀国的都城。可是对这一点，大家没有相信。其实成都这地方发现的商周遗址有很多，比如20世纪三四十年代发现过战国遗址，五十年代也曾经发现过一些，前些年在成都十二桥遗址还发现过商代的房子，等等。可是这些都没有引起大家充分的认识，人们觉得不过是一些零星的遗址、零星的墓葬，没有把它看成是一个整体的东西。这种情况一直到2001年的年初才有了根本改变。

2001年的年初，成都西部的金沙村修盖居民小区，挖沟的时候挖出了大量的古物，青铜器、玉器、金器、象牙器都有。考古工作者到那儿一看，发现有很多东西和三星堆的非常类似，有些还超过三星堆的。我在此发现之后不到十天的时间，专门从北京飞到成都去看了。工地的沟确实挖得很深，毕竟由工业机械化操作。所有的泥沙都在那里过筛子，过筛的时候发现出土的东西摆了一屋子之多，各式各样的。可惜有些东西损坏了，这也是没有办法的事情。我在那儿看，忽然觉得脚底下有什么东西，脚蹭一蹭就知道有象牙。马上就拿塑料布把它封起来，因为象牙在空气里暴露的话，很快就会炸裂了。在这样的情况下，我们考古发现了大量的遗物，不但有商代的，还有些更早的遗物混在里面。在金沙发现的这些遗物，特别配合在2000年下半年成都省委大院下发现的大型船棺葬遗址。

这个大型的船棺葬遗址就在成都的四川省委对面。四川省委想修食堂，在那里挖，结果挖出了船棺葬。船棺葬就是把人的棺材做成独木船的样子，中间掏空，把人埋在里面，上面还盖上。这个船棺葬的遗址是战国中期的，不是一两个船棺，而是一整个舰队。原来整个船棺葬上面还有建筑物，四具大型船棺、十三具小船棺组成舰队的形式，都是用贵重的金丝楠木整木剖凿而成，极为可观。船棺上还有巴蜀的文字，最长的船棺有十八米，分成几截的样子。这跟金沙的发现是一类的，都可以证明成都在商周时期确实是古代蜀国的中心。

我们中国的历史太悠久了，疆域太广大了，对这些发现真有些见奇不奇、见怪不怪了。实际上，这样的发现在全世界的科学史上都是极其重要的。可以回想一下，在世界的考古学历史上，比如在现在的两河流域、伊拉克一带，英国考古学家莱亚德按照《圣经·约拿书》的描述，发现了古代亚述帝国的首都尼尼微古城。又比如，德国考古学家H.谢里曼相信《荷马史诗》的描绘，他发掘小亚细亚半岛东岸的希萨立克丘，发现了特洛伊古城遗址，并把挖掘出来的一些东西从希腊偷运到了德国。这两大发现震动了全世界，在科学史上有着极其重要的意义，到今天为止，不知出了多少画册，不知出了多少报告，不知造就了多少学者。我们的发现与这两大发现相比，毫不逊色。我们发现了一个在历史上几乎没有多少遗迹的古国，这个古国和中原的夏商周王朝有着密切的关系。当时的巴蜀文化是那么发达、那么了不起，它可以造四米多高的神树，还有那么多特色。这个发现与尼尼微古城、特洛伊古城的发现相比，有什么可逊色的？而且我们还可以看到，商代的影响从中原向南，从河南一直进入湖北、湖南，然后通过三峡，一直影响到成都平原，这些都是有考古材料可循的。现在我们正在三峡一带发掘，那里也提供了很多有关的材料。可惜的是，整个社会对考古学这门科学的兴败、它的意义和重大价值还没有充分认识。

最后一个例子，是我们在湖南湘西土家族苗族自治州一个叫里耶镇的地方发现了秦代的木简。古代人用竹木材料做成"简"来写字，这是中国的伟大发明。里耶这地方有条河叫酉水，河边上有个古城遗址，考古学者早就发现了，所以在那儿进行发掘。这是战国到汉初的一个古城，古城里发现有四口井。古时候水很干净，没有污染。既然当时的人距离河只有几十米，那为什么还要挖井？这可能是因为军事的原因，或者地理的原因，到现在我也不太明白。在对一号井进行发掘的时候，到了第五层四米深的地方，就发现了一些简。后来我们判定是楚国的竹简，可能是当时人从别处挖来了，混在垃圾里头扔到井里的，并不是真正的地层里的东西。再往下挖，从第七层往下，一直到第十七层，发现了大量的秦代木简。按照现在的统计数字，估计是三万六千支。这个数量超过了过去历史上发现的所有的秦简的总和。当然，这些简中可能有些是没有字的，但是这个数量实在惊人！

这些简的内容，更是惊人！虽然现在我们能看到的还很少，实际上我个人看过的不到两百支，但它们是从大量的简里挑出来的最好的，很有代表性。从这些我看过的简来看，它们的时代是从秦始皇统一天下的前一年，也就是秦始皇二十五年（公元前222年），到秦二世元年（公元前209年）。我们把这些简记载的内容作了统计，上面列的年月日，和今天我们用历算的数学的方法推算出的历谱几乎一天不差。这就证明在秦代的时候，历法是统一而且细腻的，相当进步。别忘了这地方是什么地方。在今天去都很不容易，当时更是极为偏远的。如果不是统一的历法，怎么能做到这么精确？

秦代实行郡县制，这地方是洞庭郡治下的迁陵县。根据木简记载的内容，我们猜想这些木简是当时迁陵县的文书档案。秦二世二年（公元前208年），天下大乱、群雄并起，当地的官员就把这些文书全给扔到井里了。或许他想着将来可以复辟，再把它捞出来，反正就是保存在这井里了。这些木简里面记载的故事可多了，就使我们有了大发现，对秦代的认识从根本上发生了改变。特别是近些年，关于秦代我们有三大发现：第一，秦始皇陵出土了各种东西，比如有一种划船的橹，用这橹划船的动作几乎跟我们今天赛艇的动作一模一样。第二，前几年在陕西西安北郊相家巷村发现了数量罕见的秦代封泥。这些封泥的发现使我们认识到，秦代的中央政府和地方政府的复杂程度远远超过我们的想象。第三，就是现在我们在里耶发现的木简文书。当时一个小县的政治，也完全不是过去我们所想象的。这些发现都使我们对秦代的认识发生了根本改变。

整个秦代不过十五年时间，而这些木简所记载的不过十三四年时间，却填了一井的文字。从上到下，你知道有多深吗？十五米！发现了三万六千支之多的文书简。所以我跟同事说笑话，说我现在才知道中国生态环境从秦代就开始被破坏了，因为做木简就要砍很多树啊！秦的政令是统一的。你可以想象，湖南是最出竹子的地方，楚国所有的简都是竹子做的。可是，在最出竹子的地方，秦代用的全是木简。为什么用木头简呢？因为秦政府所在地是没有竹子的，他规定做木简就必须用木头，有竹子也不能用。秦代政令的统一和严厉，从中可见一斑。

以上几个故事，从公元前21世纪的夏代一直到秦，总结起来说，考古学是一门科学，正在解释我们的过去。考古学实际上和天文学差不多，天文学可以透视空间上的宇宙，考古学则是利用古代的物质遗存来透视我们的过去。这样的一门科学，它使我们对古代的观念、对中国的文明和历史的观念有了根本的改变和变迁。我想这样的改变以后还会继续下去，就和任何的科学发展一样，它的真理总是不可穷尽的。

第 二 编 # 文化
的"本位性"

文化是什么？
中国文化的核心在哪，拥有怎样的精神结构？
我们该如何从中国传统文化中汲取安身立命的智慧？

民族文化
与
民族命运

彭　林

近百年来，在特殊的历史背景下，中国知识精英决定与中华本位文化做最彻底的决裂，随之出现了中国向何处去的问题。其中最令中国人纠结的问题是文化选择：我们究竟是跟着西欧文化走呢，还是跟着东欧文化走呢？我们真诚地要做欧美或者苏联的学生，由此导致的结果，我们不是全盘西化，就是全盘苏化，中华本位文化始终挺立不起来。此处的问题是，中华民族的复兴，是否可以不要本位文化？如果彻底抛弃本位文化，后果又是什么？这是需要认真思考的具有战略意义的大问题。

一、人种、民族与文化

为了将问题说得更透彻，我们需要将背景推得更远，从人种、民族和文化这几个概念谈起。

1972年，考古学家和古人类学家在东非肯尼亚发现一件编号为1470的远古人类的头骨，它的测年距今约200万年，这是迄今所见年代最早的古人类的遗骸，学术界通常将它作为人类的起点。人类社会在发轫阶段，起步相当缓慢，大约一直到距今4万年左右，人类分化为三大人种：尼格罗人种、欧罗巴人种、蒙古利亚人种——就是人们通常说的黑色人种、白色人种和黄色人种。三大人种的出现，主要是由于地理环境不同而形成的。例如，黑色人种生活在赤道两侧，那里终年紫外线直射，对皮肤有很大的伤害，天长日久之后，当地居民的皮肤里慢慢产生一种黑蛋白，使得他们能够抵御紫外线的强射。此外，那里高温多雨，天气闷热，所以黑色人种的鼻孔比较大，以便把过多的体热散发出去；黑人的头发卷曲，毛发之间形成较多空隙，有利于散发头部的热量。这样的体质特征，使得他们能够在如此酷热的环境中生存下去。与此相反，白色人种生活在高纬度地区，气候比较寒冷，他们的鼻子有点鹰钩，鼻孔比较小，这样有利于保持体温，不容易感冒。黄色人种多单眼皮，有专家认为，这是因为这一地区自古多沙尘，而单眼皮闭眼比较快。由此可见，三大人种的差别是环境使然，彼此没有高低贵贱之分，理应享有平等的尊严。

同一人种之内包含诸多民族。例如，黄色人种内有汉族、蒙古族、维吾尔族、藏族，以及朝鲜民族、日本民族、马来民族等。那么，什么是"民族"？说来可能令大家失望，因为学术界对此争议很大，说法存在分歧，至今无法统一。我这里引用的是中华人民共和国成立以来中国学者遵用的经典作家提出的概念："民族是指在历史上形成的具有共同的地域、共同的语言、共同的经济生活以及表现于共同文化上的共同心理素质的稳定的人们共同体。"

那么，民族与民族又是依据什么来区分的呢？依据文化。什么是"文化"？非常遗憾，学术界至今依然没有统一的定义。文化的内容实在太过丰富，很难用一言以蔽之的方法下定义。有人统计，目前关于"文化"的定义，大约有两百多个，谁也说服不了谁。我今天在这里，也不可能解决这一难题，我想强调下面的这两句话。

第一句话：文化是人类特有的现象。凡是人类创造的一切都可以叫文化。换言之，动物不会创造文化。这些年，有些媒体上出现"宠物文化"的提法，这是违背常识的。任何东西，只要到了人的手里，就有可能成为文化。举例来说，吃什么，这不是文化，动物每天都面临吃什么东西的问题，这不是文化。但这东西怎么吃，是煮着吃，还是炒着吃？怎么做出色、香、味来？怎么样给它取一个好听的菜名？这就成了文化了，而这只有人才能做到。

文化的范围太过广泛，为了研究和叙述的方便，我们通常把它划分成三大块：物质文化、精神文化和制度文化。人类只有依赖于物质才能生存下去，例如屋舍、衣服、工具、器皿等。人们在制作这些物质的时候，会把自己的技术、知识、审美情趣等融入进去，使其成为一种物化了的文化。"文革"结束不久，北京故宫被列入"世界文化遗产"，当时中央人民广播电台在播送这条消息时，说了一句很有水平的话："故宫是中国传统文化的载体。"故宫的一砖一瓦，都承载着我们民族的文化。人是万物的灵长，人有精神家园，人类会不断地思考问题。例如：我是从哪里来的？人活着的价值何在？社会要向何处去？等等。大家都在思考，并且提出自己的看法，从而形成了精神文化，或者叫思想文化。现在大学里开的人文选修课，儒家、法家、佛教、道教、孔孟、老庄、诗词、小说，都属于这一类。还有一种文化，既不是物质的，也不是精神的，或者说既是物质的，又是精神的，它就是制度文化。人类是具有群体性的动物，每个人都分属于不同的社会组织，这就需要制度来管理。小到一个居民委员会，大到一个国家，乃至联合国，都离不开制度文化。

第二句话：文化是民族内部彼此认同的核心，是回答"我是谁"这个问题的。不同的民族在各自的地理环境中生活，在漫长的历史过程中形成了各自的民族文化。我们到昆明街头，可以轻而易举地辨别出这是苗族，那是傣族，这是傈僳族，那是布依族。凭什么？他们的文化不同啊。文化怎么个不同？语言不同啊，服饰不同啊，居住形态不同啊，饮食方式不同啊，过的节不同啊。这些是此民族区别于彼民族的根本标志，是民族内部超越地位、财富，彼此认同的核心。比如说，只要是汉族，都过春节、清明节、端午节、中秋节，无论是谁，都不例外。迄今为止，所有的文化都具有民族性，我们还没有看到过一种超越民族的文化。

二、民族文化是民族存亡之根

既然文化是民族内部彼此认同的核心，那么，自然而然的逻辑就是：民族文化越强，民族的凝聚力越强；民族文化越弱，民族的凝聚力越弱，甚至成为一盘散沙。民族文化存则民族在，民族文化亡则民族亡。

为了说明问题，我想举一个例子。俄文里"中国"这个词是Китай，学术界一般认为就是"契丹"的音译。中国历史上有一个宋、元、金、辽时代，其中的辽，就是契丹人建立起来的。契丹人有自己的政权、自己的文字、自己的服饰，一句话，有自己独特的文化。契丹横亘在黄河流域诸民族和俄罗斯民族的中间，当时交通不便，彼此了解很少，俄罗斯人将辽及其以南的广大地区都称为契丹，其中就包括整个中国。可是，今天我们56个民族里并没有契丹。契丹民族哪里去了呢？我们说，是他们亲手把自己干掉了！原来，契丹人在与周边民族相处的过程中，不注意保存自己固有的本位文化，他们羡慕别人的文化，处心积虑地仿效，结果是用人家的文化置换了自己的文化，久而久之，把民族内部彼此认同的东西扔光了，失去了凝聚人心的核心，慢慢地走向了消亡，作为文化意义上的一个种，他们已经永远地消失了。历史上像契丹这样的情况并非绝无仅有，国内国外都有不少案例。总之，对一个民族而言，什么都能丢，就是文化不能丢。文化是民族的命根子。一个民族，即使被占领军占领了，只要文化还在，就有复国的希望；如果本位文化丧失了，即使没有人占领，你也已经永远地失去了再站起来的可能。这是我要说的第一点。

第二点，中华文化何以绵延至今？世界上的文明大概可以分为两类：一类叫原生文明，另一类叫次生文明。所谓原生文明，是指这种文明在它发生和发展的过程中，很少或者几乎没有受到周边文明的影响，基本上是独立形成的，古代埃及、古代巴比伦、古代印度以及中国，就是人们通常所说的四大文明古国，或者再加上玛雅文明和古希腊的爱琴海文明，原生文明只有这么几个，屈指可数。所谓次生文明，是指它在发生发展的过程中受到了周边文明的强烈影响，例如朝鲜、日本、越南等国，曾经受到中国文明的强烈影响。

在公元前后的那段时期，埃及、巴比伦、印度被侵略军占领，本位文化被外来文化覆盖，自身文明出现断裂、失落。今天我们讲到这几个古文明，一定要说是古代埃及、古代巴比伦、古代印度。今天的埃及文化是在外来文化的基础上重新开始的，与古埃及没有关系。巴比伦与印度也是一样。

中国文明是唯一一个从没有中断过的文明，这是人类文明史上的奇迹。我们这个民族每当危急存亡的紧急关头，总会有知识精英挺身而出，引领大众捍卫本位文化，所以中华文明始终没有被消灭。中国古代的知识精英，文化意识非常强。举例来说，唐代的时候，佛、道两教风靡于世，中国差一点儿成为宗教国家。韩愈认为这种局面不正常，因为中国自有历史悠久的文化体系，尧舜禹汤、文武周孔，这一"道统"流传有致，我们不能让它中断了，要把它接续下去。他写了《原道》，要求每位教师都把"传道"作为自己的首要任务。韩愈唤醒了中国人的本位文化意识，宋代新儒学的兴起，与他有极大的关系。再如顾炎武，他对本位文化的重要性做了更高的阐发。他在《日知录·正始》里说，改朝换代可以归纳为两种情况：一种情况是张家的政权亡了，被李家替代了，但社会文化没有变化，这叫"亡国"，责任要由"肉食者"（拿着朝廷的俸禄，养尊处优的官员）来负：你们不好好干，把国家弄亡了，你们不负责谁负责？另一种情况是皇帝换了，既有的文化被异质文化置换了，作为文化上的一个种，从此消灭了，这是亡国加灭种，叫作"亡天下"。亡天下的责任谁来负？顾炎武说"匹夫之贱，与有责焉"。民族到了是存是亡的关头，不管你是谁，只要是这个民族的一分子，都有责任站出来捍卫它。后来，梁启超先生把这篇文章归纳为"天下兴亡，匹夫有责"八个字。从此，"担负起天下的兴亡"，成为最强有力的救亡图存的口号。

第三点，当今，本位文化的安全问题依然非常严峻。文化的积淀总是有限的，不会任凭流失，而永无尽头。近百年来，中国

　　　　　　　　九州天下：中国文化与中国人

的本位文化的流失呈加速度态势，长此以往，怎禁得住从春流到夏，从夏流到秋？一旦流失殆尽，我们就成了又一个"契丹"，而且是自己把自己消灭的，那将是人类文明史上最大的悲剧，我们决不能让这种悲剧发生。

三、近代中国的"文化自戕"与"文化自强"

中华文明源远流长，震古烁今。鸦片战争之前，中国人对自己的文化从来没有丧失过信心。鸦片战争之后，西方文化强势涌入，于是就有了传统文化还要不要的问题。学术界有两种截然对立的意见：一种是"文化自戕"，主张铲除中国本位文化；另一种是"文化自强"，认为中华要复兴，就必须确立本位文化的主导地位。这里需要简单回顾一下。

1900年，八国联军再次洗劫圆明园，并于1901年强迫清政府签订《辛丑条约》，中国成了任人切分的西瓜。我打这么一个比方：中国好比是一个饱读诗书的秀才，尽管有自己的毛病，但并没有招谁惹谁。这时有八个强盗漂洋过海而来，把秀才暴揍了一顿，打得遍体鳞伤，尤其可恶的是，把他的眼睛打瞎了。秀才挣扎着站起来后，看不到方向了。于是强盗递给他一根绳子，说你接住这根绳子跟我走，就能看到光明了。这根绳子上写着"西方文明"四个字。我们的某些知识精英立刻抓住这根绳子，铁定了心要跟他们走，代表人物是胡适。

胡适直言不讳地说，如果把中国文化比作是一棵树，他要做的工作，就是把这棵树连根刨掉。他在《介绍我自己的思想》中说：

　　我们如果还想把这个国家整顿起来，如果还希望这个民族在世界上占一个地位——只有一条生路，就是我们自己要认错。我们必须承认我们自己百事不如人，不但物质机械上不如人，不但政治制度不如人，并且道德不如人，知识不如人，文学不如人，音乐不如人，艺术不如人，身体不如人。

　　八个强盗把我们打了，他不去谴责强盗，反而说我们要认错，因为我们"百事不如人"，连道德都不如人。
　　在《信心与反省》一文中，胡适对中国文化做了全面的抨击：

　　我们的固有文化实在是很贫乏的，谈不到"太丰富"的梦话。近代的科学文化，工业文化，我们可以撇开不谈，因为在那些方面，我们的贫乏未免太丢人了。我们且谈谈老远的过去时代罢。我们的周秦时代当然可以和希腊、罗马相提比论，然而我们如果平心研究希腊罗马的文学，雕刻，科学，政治，单是这四项就不能不使我们感觉我们的文化的贫乏了。尤其是造形美术与算学的两方面，我们真不能不低头愧汗。我们试想想，《几何原本》的作者欧几里得正和孟子先后同时；在那么早的时代，在二千多年前，我们在科学上早已大落后了！（少年爱国的人何不试拿《墨子·经上》篇里的三五条几何学界说来比较《几何原本》？）从此以后，我们所有的，欧洲也都有；我们所没有的，人家所独有的，人家都比我们强。试举一个例子：欧洲有三个一千年的大学，有许多个五百年以上的大学，至今继续存在，继续发展，我们有没有？至于我们所独有的宝贝，骈文，律诗，八股，小脚，太监，姨太太，五世同居的大家庭，贞节牌坊，地狱活现的监狱，廷杖，板子夹棍的法庭，……虽然"丰富"，虽然"在这世界无不足以单独成一系统"，究竟都是使我们抬不起头来的文物制度。

他把中国文化说得漆黑一团，一无是处。当时就有人批评他戴着有色眼镜看问题，所以中国一切皆坏，西方一切皆好。胡适说得最经典的一句话，就是"月亮都是美国的圆"！中国向何处去？中山大学前校长陈序经站出来，用四个字为中国人指路：全盘西化！

当时的知识分子大都认为，人类文明的发展是一元的，全世界的文明都处在同一个坐标上。西方文明处在这个坐标的高端，中华文明则处在它的低端，因此，西方人的今天就是我们的明天。为此，崇洋媚外成为潮流，有名流给教育部写信，要求取消汉字教育，所有的学校不许写汉字，不许看汉字的书，一律改用英文或者法文。真是岂有此理！语言文字是民族文化的核心，汉字是世界上最古老、最优秀的文字之一，取消汉字，无异于斩断中国文化的血脉。试想，如果当时教育部采纳了他们的动议，那我们今天成什么国家了！

　　梁启超先生主张文化自强。他早年变法维新，向往西方文化。后来，梁先生到欧洲考察，适逢第一次世界大战爆发，他亲眼看到西方列强发动的这场战争给人民带来的灾难，开始意识到，我们不能走它们的道路——把自己学成了帝国主义，再去侵略其他国家。梁先生回国后开始宣扬本位文化，认为中国文化与西方文化是并行不悖的两种文化，各有优长，应该互补互足。梁先生生活的时代，山河飘零，国势危殆。他与一位朋友在报刊上辩论中国会不会灭亡，梁先生认为中国不会亡，原因是中国的文化不会亡。这篇文章令年仅17岁的钱穆先生深感震撼，以致影响了他一生的研究方向。第二次世界大战爆发后，钱先生进一步看清了西方文化的问题，以及中国文化对民族复兴的关键意义，决心以毕生的研究来证明中国文化不会亡。他的《中国文化史导论》一书，从各个层面、各种角度比较东西方文化，对破除学术界崇洋媚外的习气、提升民族的文化自尊和自信，具有里程碑式的意义。

　　抗战的时候，钱穆先生以个人的力量写了一部《国史大纲》。在这本书的扉页上有如下四段话，括号内的字，是钱先生自己用小字做的注。

凡读本书请先具下列诸信念：

一、当信任何一国之国民，尤其是自称知识在水平线以上之国民，对其本国已往历史，应该略有所知。（否则最多只算一有知识的人，不能算一有知识的国民。）

这是说，凡有一定文化程度的国民，都有了解祖国文化的义务，犹如孩子必须了解母亲，否则就不配称为国民。

二、所谓对其本国已往历史略有所知者，尤必附随一种对其本国已往历史之温情与敬意。（否则只算知道了一些外国史，不得云对本国史有知识）。

光是了解还不够，还要有温情和敬意。我们读国史，读到岳飞、文天祥，读到史可法、顾炎武，都会心潮难平、激情澎湃，因为这是与我们血脉相连的历史。读外国史就很难有这样的感受。像胡适那些人，不是不了解本国历史，而是没有温情与敬意。

三、所谓对其本国已往历史有一种温情与敬意者，至少不会对其本国历史抱一种偏激的虚无主义，（即视本国已往历史为无一点有价值，亦无一处足以使彼满意。）亦至少不会感到现在我们是站在已往历史最高之顶点，（此乃一种浅薄狂妄的进化观。）而将我们当身种种罪恶与弱点，一切诿卸于古人。（此乃一种似是而非之文化自谴。）

胡适等人把历史虚无化，中华五千年文明，没有一样可以使其满意，他们认为只有自己才是站在以往历史最高点的人，而把时下种种问题的责任，一切推给孔子。他们自命为进化论者，自称懂得文化自谴。钱先生批评他们持有的是一种"浅薄狂妄的进化观"，是"似是而非之文化自谴"。

他们把历史看作一个斜坡，认为后来者总是要比前任站得高，因此，他们经常要抽前贤的耳光。试想，全国今天有多少历史系，谁还写得出《史记》《汉书》？有多少哲学系，谁还写得出《老子》？有多少军事院校，谁还写得出《孙子兵法》？不尊重古人，不尊重历史，就是无知。文化自谴，不能胡乱指画。把中国的被动挨打归罪于孔子，是不讲道理。试问，印度有孔子吗？阿拉伯世界有孔子吗？非洲有孔子吗？为什么都成了欧洲人的殖民地呢？这跟孔子有什么关系！根源在于世界上有帝国主义，不管你历史上出过什么人，都挡不住他们的铁蹄。德国是古典哲学最发达的国度，可是一度成为法西斯国家，危害全世界。德国人在反思这一段历史的时候，没有人会归罪于康德、费尔巴哈、尼采，谁都明白，这是希特勒的事，与那些哲人无关。

四、当信每一国家必待其国民具备上列诸条件者比数渐多，其国家乃再有向前发展之希望。（否则其所改进，等于一个被征服国或次殖民地之改进，对其自身国家不发生关系。换言之，此种改进，无异是一种变相的文化征服，乃其文化自身之萎缩与消灭，并非其文化自身之转变与发皇。）

钱先生强调的是民族自身文化的发展，而不是本位文化被他人征服之后，在异质文化基础上的所谓发展，这种发展实际上是"文化自身之萎缩与消灭"。当年，甘地和泰戈尔等人在发动印度民族独立运动时有过一场争论：印度独立之后，用什么文化来管理印度？一种意见认为，把英国殖民者赶走之后，还是要由英国文化来管理印度。另一种意见表示反对，认为如果英国文化很好，你为什么还要赶走英国殖民者？殖民者走了，你依然离不开他们的文化，这表明你已经在文化上被他们征服，你自身的文化失去了生命力，已经无疾而终。因此，尽管时势发生了极大的变化，但要相信印度文化自身有革故鼎新的活力，完全能够在新时代再度发皇。

大家知道，清华是利用"庚子赔款"的退款建立起来的。当时我们发现，美国索要的赔款数是虚报的，于是通过外交途径要求美国将多赔的部分退还。美国政府同意退还，但这笔款项只能用于办留美预备学校。美国伊利诺伊大学校长詹姆士致罗斯福总统的信里有两段话，透露了他们的战略思考：

中国正临近一次革命，……哪一个国家能够做到教育这一代青年中国人，哪一个国家就能由于这方面所支付的努力，而在精神和商业的影响上取回最大的收获。

如果美国在三十年前已经做到把中国学生的潮流引向这一个国家来，并且使这个潮流继续扩大，那么，我们现在一定能够使用最完满和最巧妙的方式，控制中国的发展，这就是说，使用那从知识上和精神上支配中国的领袖的方式。

詹姆士的意思，是要通过教育来控制中国的未来，这是美国人的精明过人之处。于是乎，中国就有了唯一一所不属于教育部而属于外交部的留美预备学校——清华学校（1928年改名为清华大学）。清华建校的款项是"庚子赔款"的退款，校址选在列强火烧圆明园的废墟之上，此景此情，使得清华人非常郁闷。清华最初招收的留美学童，多是十一二岁的孩子。清华学校的章程规定，学校的一切制度都照搬美国，英文是学校的正式语言，学校的布告用英文，校长训话用英文，教师讲课用英文，甚至学生演话剧都是用英文。在此特殊环境里，清华对国家衰败有着超乎寻常的切肤之痛。

1914年，梁启超在与清华学生座谈时说："清华学生除研究西学外，当研究国学，盖国学为立国之本，建功立业，尤非国学不为功。"1924年，清华的早期共产党人施滉在《对于清华各方面之建言》中说："清华本是预备留美学校，所以一向的方针，似乎仅是培养预备留美的人材——能够入美国大学，能够应付美国环境的人材。这是把手段看作目的的错误。""务必要使清华人亦能够应付中国环境。"他建议学校"拟订出洋前必需的国学程度"。清华校长曹云祥认为，学生年幼即出国，最大的问题是"不谙国情，且易丧失国性"。

1925年，清华开始设立大学部，同时创办研究院，也就是人们习称的"国学研究院"。清华上下都意识到，科学技术可以从西方引进，而民族精神是不能从西方引进的。民族精神在哪里？在本民族的经典里面。这一年秋，曹云祥校长在开学典礼上说：

现在中国所谓新教育，大都抄袭欧美各国之教育，欲谋自动，必须本中国文化精神，悉心研究。所以本校同时组织研究院，研究中国高深之经史哲学。……希望研究院能寻出中国之国魂。……（希望全校学生）养成高尚完全之人格，为立足社会之准备。

曹云祥的办学理念是：本中国文化精神、谋教育之自动；办研究院是为了寻找"中国之国魂"。所以，学校延聘资深教授，把我们的民族之魂从经典里剔发出来，用来引领我们民族的进步。

清华秉承中国文化精神，注重人格与国性的养成，体现在许多方面，包括宿舍的命名。中国古代贵胄子弟八岁入"小学"，学习做人的基本行为和初级的文化知识，这一阶段的学习结束后，进入"大学"阶段，学习修身、齐家、治国、平天下的道理。这些道理，可以归纳为三句话——"大学之道在明明德，在亲民，在止于至善"，习称"三纲"。早期清华的学生宿舍，分别叫明斋、新斋、善斋，出处正是在此。按照孟子的说法，人性本善，每个人的生命体内都有仁、义、礼、智四个善端，只要好好呵护，让其充分成长，就可以成为君子。但是，不少人在社会上待久了，内心的"明德"被灰尘遮盖住了。因此，大学之道的第一条就是"明明德"。前面一个"明"是动词，即让你体内的"明德"重放光明，让你做一个真正的人。但是，光是独善其身还不够，还必须去影响周围的人。人的觉悟有先后，先觉者有责任去唤醒尚未觉悟的人。《孟子》说："天之生此民也，使先知觉后知，使先觉觉后觉也。"这就是"亲民"。"明明德"与"亲民"，应该"止于至善"。"明明德"和"亲民"都到了"至善"的境界才能停止。学界前辈叶圣陶先生的儿子名叫"叶至善"，表明了叶先生对孩子的期待。用"明斋""新斋""善斋"冠名宿舍楼，富于文化提示的意义，这就是校园文化。如今有些学校把建造舞厅、歌厅叫校园文化建设，殊不知这是娱乐，不是文化。清华的教育，历来有两大要领：一是人格，二是国性。前者是做人的本色，后者是对国家的情怀，两者都基于传统文化而展开。下面再举几个例子。

　　　　　　　　　九州天下：中国文化与中国人

钱伟长当年考清华大学，历史方面的考题，是写出《二十五史》的书名、作者、卷数、谁做的注，他得了满分。作文题是《梦游清华园》：你梦中的清华园是什么样的？钱先生写了一篇赋，情文并茂，判卷的老师大为赞叹，破例给了他100分。钱先生来清华报到后，九一八事变爆发，那个时代的知识分子不太看重所谓的个人前程，他们把民族和国家的命运放在高于一切的位置。国家到了危急存亡之秋，救国为先，科学救国，物理为先。可是，钱先生入学考试时，数理化加起来还不到20分；外语没学过，连字母都认不全。但是，他刻苦学习，克服了常人难以想象的困难，与物理系的学生同卷考试，成绩优良，终于转到了物理系。太平洋战争爆发后，清华派20名学生去欧洲留学，由一位英国老师带队。同学们到上海集合，英国老师把护照发给大家后说，船的第一站是横滨，要停3天，大家可以上岸购物、休闲、观光。清华的同学一听，说中日正在交战，此时此刻，怎么能到敌国的领土上去休闲、观光！所有同学都把护照撕了，扔进了黄浦江，回清华！清华学生对祖国的感情如此之深，让那位英国教师非常震撼。后来，学校派钱伟长到美国去深造，到使馆办签证时，签证官不怀好意地问他："中美一旦交战，你能不能站在美国一边？"钱先生很清楚说"No"和"Yes"带来的结果是什么，但是，这样的问题是不需要考虑的，他毅然决然地站起来，说了一声"No！"收了材料就走了。背叛祖国，绝对没有可能！

　　华罗庚是江苏金坛人，由于家境贫寒，曾在上海的杂货铺当小伙计，但发愤自学，后来发表了一篇论文，引起清华数学系主任熊庆来教授的注意。熊教授便写信邀请他到清华数学系，后来又送他到英国留学，学业非常优秀，按照现在不少人的做法，完全可以拿绿卡，永远留在英国。但是，华先生坚决要求回国，他说："此时此刻，我必须回到自己的祖国，与同胞共赴国难！"

"两弹一星"元勋邓稼先先生，与杨振宁是中学同学，他从清华物理系毕业后到美国留学，1950年回国，后来"隐身"到戈壁滩负责核弹的研制。20世纪60年代，杨振宁先生回国探亲，邓稼先告诉他，我们的核试验成功了！杨振宁马上站起来去洗手间，哭了！他清楚地知道，以中国当时的条件，我们付出了怎样的民族牺牲的代价！有一次，飞机将核弹投放下去，可是居然没有爆炸。作为总指挥的邓稼先挺身而出，把核弹头找了回来，并查出了原因，可是，邓先生连骨髓都被辐射了，没过多长时间就与世长辞。据邓先生夫人许鹿希回忆，他们结婚三十二年，但两人在一起的时间只有七年，其余的岁月，邓先生都贡献给了国家的核事业。

钱伟长、华罗庚、邓稼先等清华前辈，是人格与国性的完美结合，是中华民族的脊梁。他们身上最令我们震撼的、催我们奋起的东西是"血性"，这是如今的大学生，也包括我们在内最缺乏的东西。

四、西方文化冲击下的中国本位文化

中华文化经过近百年的流失，现状令人忧虑，需要我们检讨和反思。

第一，是价值观发生了变化。任何一种文化，其核心都是价值观：人为什么活着？人生的价值，是从这个世界攫取得越多越高，还是为这个世界奉献得越多越高？不管你是否意识到，你每天都在用自己的言行回答这一问题。

西方人深谙此道。美国总统布什到清华大学讲演，讲着讲着就来布道了："诸位，说到这里，我要给你们讲一讲美国人的价值观。"我们不懂价值观，所以他要给我们上课？克林顿在北大讲演也是如此。美国人入侵伊拉克时，我们在电视里看到，记者拿着话筒问一位女兵："你到伊拉克最想做的事情是什么？"她说："我要告诉伊拉克人我们美国人的价值观！"把你的价值观改变了，你的文化基本上就被颠覆了。

我们传统的价值观，是以"天下"也就是人类社会作为终极关怀的。人不能活得太自私，应该以天下为念。范仲淹在《岳阳楼记》里说的"先天下之忧而忧，后天下之乐而乐"，文天祥说的"人生自古谁无死，留取丹心照汗青"，东林党人顾宪成说的"风声雨声读书声，声声入耳；家事国事天下事，事事关心"等，大家都耳熟能详，都是最典范的表述。

近百年来，我们的价值观正在悄然发生变化，不少人由

"公"变"私"，变得过分自我，把"我"作为这个世界的核心。有人把"家事国事天下事，事事关心"改成了"家事国事天下事，关我屁事"，令人伤感。

如今不少孩子从小就上各种各样的特长班，考一大堆证书，这原本无可厚非，目的是上重点小学，进而上重点中学、名牌大学；而上名牌大学是为了出国，最后拿绿卡，不回来了。什么国家不国家、兴衰不兴衰，一概与我无关。如今社会的种种乱象，都是从这里发端的。

第二，耻感。中国人自古就很重视耻感。孟子说："人不可以无耻，无耻之耻，是耻也。"连羞耻都不懂，乃是最大的耻辱。如今，由于私欲的膨胀，无耻之徒在在多有。只要能挣钱，假冒伪劣，无所不为，甚至连生产毒奶粉那样伤天害理的事，也都不以为耻。没有耻感的人，与禽兽没有两样。

第三，文化表征。所谓文化表征，是指房屋、服饰、节庆、语言等显露于生活表层的民族特征。近代以来，我们的文化表征，已经或正在被西方文化所置换，令人堪虞。

我们的民居原本多姿多彩，北京的四合院、苏州的小桥流水、安徽的青砖小瓦马头墙、湘西的吊脚楼、陕西的"房子一边盖"等等，它们和当地的自然、历史、人文浑然一体，是中国文化的重要组成部分。如今，从黑龙江到海南岛，我们盖的全是"火柴盒子"，那是美式文化。有人说这是与国际接轨。这种说法似是而非。法国巴黎是公认的国际大都市，可是塞纳河南岸，

"火柴盒子"式的建筑只有寥寥几座。相反，16世纪的建筑却是整条街、整条街，甚至整个街区都保留着，成为展示法兰西文化的巨大载体。北京除了清代留下的一些皇家建筑之外，几乎都是所谓的现代建筑。法国朋友说："我们不明白你们想让我们看什么？"一个波兰的建筑师说："让我看看你的城市，就知道你在追求什么。"前些年，有人在上海规划"一城九镇"，西班牙小镇、荷兰小镇、德国小镇等九个小镇包围着上海，再加上外滩的那些洋楼，上海的城市文化还有中华文明的底色吗？有一位中国建筑师到美国开会，他说一到美国就犯迷糊：究竟美国是文明古国，还是中国是文明古国呢？如果说是中国，为什么在中国看不到多少古建筑呢？如果说美国的历史很短，怎么到处可见保护得那么好的古建筑呢？他打了个很好的比方，说老外婆给了我们一盒东西，可是我们年纪小不懂事，把它一件一件地扔掉、送掉或者卖掉了。到了四五十岁时才明白，那些东西其实每一件都是宝贝，但永远也不可能再回来了！

第四，服装。中华自古号称"衣冠文物"，服饰是主要表征之一。相传黄帝的夫人嫘祖发明蚕桑，抽丝剥茧，先民已经穿上丝绸衣服了。传统的服饰，集我们民族的织染工艺、审美情趣、养身保健等于一体，令人叹为观止。辛亥革命胜利后，大家不再穿旗袍，可是四万万五千万同胞不能没有文化表征。于是，孙中山先生设计了一种服装，正面有四个口袋，象征国之四维——礼、义、廉、耻；中间一排五个扣子，象征五族共和；袖口有三粒扣子，象征三民主义……尽可能地赋予它文化内涵，人称"中山装"。我不止一次接到这样的会议通知，要求穿"正装"出席。我打电话问会务组，请问什么叫"正装"？他们说就是西装。西服成了中华民族的正装，岂不是说我们传统的服装是邪装？真是莫名其妙！

有人会说，现在富了，得跟国际接轨。这话没道理。国际上并没有统一的服装，也没有富了就得穿西装的规定。阿拉伯人的富裕程度远远超过我们，但他们依然在穿民族服装。印度总理头上总是缠绕着一个布圈，到哪里都戴着，事实上是在展示印度文化。这几年，想穿民族服装的人越来越多，但不知正式的民族服装是哪一种，而且可以买到民族服装的地方很少。

第五，节庆。中华民族应该过什么样的节日？这话听起来似乎很别扭，当然是过自己民族的节日啊！可是，事情正在朝着相反的方向发展。有一年，我在北京某大学开一门全校选修课，有一天上课前，一位女同学对我说："今晚我们团支部要搞活动，所以我们班的同学今晚都要请假。"我问她是什么活动，她说："老师，今晚是平安夜！"我很生气，平安夜是宗教节日，团支部是无神论者的组织，你们不是瞎起哄吗！近些年，我国清明节、端午节、中秋节都已成为法定的节假日，让大家有时间来过本民族的节日。可是，中秋节成了月饼节，一盒月饼有卖一万块的；端午节成了粽子节；清明节，有人建议变成双休假，外出旅游。这些年来我们移风易俗，快把本民族的风俗移光了，变成了洋风洋俗！自己的节不过，过圣诞节、情人节、复活节、愚人节。

世界上没有一个国家像我们这样，过生日要唱外国歌！以前我们祝寿是吃面、吃寿桃，多好。如今是吃蛋糕，高糖、高脂肪，还要点上蜡烛，然后念念有词。婚礼也西化了，新娘披白纱，新郎穿黑色服装，这是西方人的文化。中国人结婚讲喜庆，红红火火的。白色和黑色是办丧事用的。我们民族还不至于到了连生日都不会过、连结婚仪式都没有，而需要从西方进口的地步！

第六，礼仪。北京奥运会之前，有关部门给北京市民发了一本《礼仪手册》，要求大家学习和运用。里面几乎全是西方的商务礼仪。怎么拿刀、拿叉？吃牛排的礼仪、吃沙拉的礼仪、喝汤的礼仪，等等。在北京举办奥运会，理应向世界展示中国的礼仪文明，要求外国友人尊重我们的文化，这也正是他们非常希望了解的知识。如今反过来了，向国民展示西方文明。

第七，母语。汉语是我们的母语，其地位实际上比不上英语。大学生英语四、六级考不过去不能拿毕业证书，而中文不需要考。报载，有学者到香港开会，通篇用英文发言，而听众都是中国人，引起香港同胞的愤慨。有一次，欧洲举办一个会议，法国某企业家在会上用英文发言，法国外长当即退场，以示抗议。此事不可小觑，事关文化尊严。如今可以说是两千多年来国人的语文水平最低的时期，历史上，每个朝代都给后人留下了宝贵的文化遗产和名家：先秦有诸子百家，有孔孟、老庄；两汉有经学，有司马迁、班固；魏晋有玄学，有竹林七贤；隋唐有佛学，有韩愈、欧阳修；两宋有理学，有司马光、朱熹；元代有戏曲、杂剧，有关汉卿、王实甫；明清有四大小说，有施耐庵、曹雪芹。我真有些发愁，将来，我们怎么给历史交卷？

如果我们的领土被人家一块一块地占领了，大家会感到愤怒；如果我们的市场被人家一块一块地瓜分了，大家也会心焦；唯独我们的固有文明被人家一块一块地蚕食了，我们却安之若素，我们的文化神经完全麻木了。百年以来的文化自戕，已经在相当大的程度上改变了我们民族的文化基因，我们的文明的未来走向，似乎很少有人关心，现在到了该猛醒的时候了，否则悔之晚哉。

五、美国的文化战略与东方的觉醒

中国人把文化当作修养，美国人把文化作为战略资源，达到淋漓尽致、炉火纯青的地步。二战结束后，以美国为首的北大西洋公约组织与以苏联为首的华沙条约组织处于冷战的状态。1946年，英国首相丘吉尔访美时说："从波罗的海边的什切青到亚得里亚海边的的里雅斯特，一幅横贯欧洲大陆的铁幕已经拉下。"双方为"铁幕"所隔，彼此不来往。20世纪60年代，美苏两国首脑会谈，提出要"和平竞赛"，双方商定，首先各自在对方的首都办一个展览。苏联人到美国办了一个炫耀其宇航技术的展览，当时苏联在这一领域的水平高于美国。美国人看了很害怕。而美国人到苏联办了一个美国家庭的厨房展览，苏联人大为震惊：原来生活可以这样的！觉得美国人很幸福，人们的梦想就是到美国去，过奢侈的生活。大家不再关心国家的前途、祖国的命运。尼克松写过一本书叫《1999：不战而胜》。"不战而胜"，就是《孙子兵法》说的"不战而屈人之兵"，是战胜对手的最高境界。战争要靠武器，"不战而胜"靠的则是文化。平心而论，要打败像苏联这样的超级大国，大概需要发动一次世界大战，而美国几乎没有费一枪一弹。苏联造了那么多的原子弹、宇宙飞船、导弹、洲际导弹、核潜艇，一件也没有派上用场。苏联被颠覆，最深层的原因是苏联青年一代的价值体系被颠覆。

美国在推行军事霸权主义、经济霸权主义的同时，也在推行文化霸权主义。他们在"经济全球化"的旗号之下，利用高科技手段和先进的媒体，大力冲击世界各国的异质文化。不少经济落后的弱势民族难以抵挡，他们的话语权越来越少，他们的历史正在被遗忘，他们的文化也越来越被边缘化。

经济全球化将导致文化全球化，某些文明将由此消亡，法国最早意识到这种危险。20世纪80年代，法国电影市场的60%被美国占据，而在某些西欧国家，这一比例高达80%～90%。有人将美国对西欧文化的冲击比喻为"铁罐"撞击"陶罐"，西欧本土电影溃不成军，市场所剩无几。法国历来以法兰西文化的伟大和优秀而自豪，但由于美国电影的冲击，不仅本国电影严重萎缩，而且国民的价值观也随着美国电影的进入而悄然改变。

在美法关贸协定关于开放服务市场的谈判中，美国将文化产品与其他商品等同对待，法国则强调文化产品虽有商品属性，但又有精神层面和价值观层面的内涵，不能从属于商业。在艰巨的谈判中，法国人同仇敌忾，把文化的单一化和文化产品的标准化作为文化多样性的敌人来反对，提出"捍卫文化的多样性"的口号，捍卫本土文化，称"无论哪种文化都应该被保留在人类的集体记忆中"，尊重其他文化，是人类伦理的核心支柱之一，其含义是尊重文化最根本的异质性，尊重身份特征的差异。

在西方文化面前，亚洲人曾经非常自卑和迷茫。明治时代，著名思想家福泽谕吉提出"脱亚入欧"的理论，认为做亚洲人是可耻的。他在《脱亚论》中说，日本"所奉行的主义，唯在'脱亚'二字。我日本之国土虽居于亚细亚之东部，然其国民精神却已脱离亚细亚之固陋，而转向西洋文明"。他还呼吁："我国不可狐疑，与其坐等邻邦之进，退而与之共同复兴东亚，不如脱离其行伍，而与西洋各文明国家共进退，使日本成为欧洲型的民族国家。"福泽谕吉的理论影响极大，举国上下主张全盘西化。明治维新后，日本人猛然醒悟：作为一个国家，必须有自己的文化身份。新渡户稻造是其中觉醒最早的思想家之一。他曾经留学美国和德国，生活在复杂的国际环境中，他开始意识到，要成为一个真正的国际人，首先要把握好本民族的历史文化传统。1899

年，他用英文撰作了《武士道》一书，将义、勇、仁、礼、诚、忠义、名誉、克己等作为武士的美德和日本人的民族精神，认为"武士道如同它的表征樱花一样，是日本本土固有的花朵"。

不少日本人致力于发掘本位文化，茶道、柔道、剑道等就是在这一时期兴起的。16世纪，千利休提倡日本茶文化应以"无中万般有""一即是多"的禅宗思想为基础，在茶室建筑、装饰和摆设、煮茶方法、茶具样式、喝茶礼仪等所有环节融入禅的简素清寂的精神。明治时代之后，逐步发展为茶道。韩国是受儒家思想浸润最深的国度之一。近代以来，韩国遭受外来侵略，人们曾经归咎于传统文化，但是，他们终究还是回归到了传统文化上，并努力寻找儒家思想与现代社会的结合点，取得了许多成功的经验。韩国上下的本位文化意识都非常强烈。20世纪80年代，首尔大学的一位教授提出"文化领土论"的观点，认为在未来的世纪里，传统意义上的国界、领土概念在实际意义上将不复存在，代之而起的是按照文化的影响来划分国界。事实证明，此说很有道理。你的文化影响有多大，你的实际领土就有多大。

六、应该建立中华的文化战略

文化是国之本、民族之根。近代以来，我们的民族文化不仅流失严重，而且面临西方文化的严峻挑战。为此，能否守住民族存亡的最后一道长城，事关民族文化的未来走向，需要从战略层面来思考与规划。

第一，向世界提供中国式的社会发展模式。21世纪是文化的世纪，借助于强大的无所不在的媒体，东西方文化的交流、碰撞、博弈、会通，在前所未有的广度和深度上展开。在我看来，这场博弈归根到底是中国能否向世界提供一种不同于西方的社会发展模式。

近百年来，西方凭借其军事、经济实力，在世界各地推行自己的社会发展模式，在相当大的程度上改变了世界的文化格局。这是相当不正常的局面。世界文化是多元文化，多元的文化之间可以互相学习、互相补充，从而使人类文明更为灿烂。单一文明只能导致文明的衰落与灭亡。2000年，联合国开发计划署发表的《人文发展报告》指出："必须扶持本土文化和民族文化，让它们同外国文化并驾齐驱。"2003年10月，在联合国教科文组织第32届大会上，法国和加拿大联合提议，就文化多样性起草一个国际公约，得到了60多个成员国的支持。

具有五千年文明史的中国，有责任提出一种新的社会发展模式。最近几十年，中国经济创造了世界奇迹，中国的古老文明正越来越多地受到各国的重视，孔子、孟子、老子、庄子，《论语》《周易》等等，正在成为热门的学问。中国人没有走欧美的道路，但却取得了成功，如果我们能从文化上总结出东方式的社会发展模式，那将是中国对人类做出的最大贡献。

第二，让中国文化走向世界。中华文明与西方文明是并行不悖的两个体系，中国文化不是西方文化的分店，中国文化的存在不是为了证明西方文化的唯一正确而增加一个新的例证。15世纪以前，中国文化一直处于世界文化的前列，"四大发明"传入西方，促进了西方文化发展。中国哲学思想受到西方近代启蒙思想家沃尔夫、伏尔泰等的赞扬。当代法国著名汉学家施舟人说："西方文化曾经影响过中国，但中国文化同样影响了西方。"在我看来，中国文化对西方文化的影响，要比西方文化对中国文化的影响大得多。

中华文明是人类文明的瑰宝，中国文化以仁爱为核心，要求人们"老吾老以及人之老，幼吾幼以及人之幼"，具有"博爱"的精神；主张"和而不同"，互相尊重，共存共荣；又提倡正义，反对不义之战等等。这些都是具有普世价值的理念，完全可以光明正大地告诉世界各国。学术界应该努力寻找中国文化的独特性与优越性，用以平等地、有尊严地与西方文化对话，进而化解西方的文化围堵。

第三，增强文化的向心力。杨振宁先生说，中华民族的崛起，将是人类在21世纪最伟大的事件。杨先生的话是就历史发展的总趋势来说的，丝毫不意味着我们就是躺着也能崛起。恰恰相反，为了迎接与推动这一崛起，我们需要付出大量的心血。我想，第一位的工作是最大限度地凝聚民心，首先是中国内地，其次是港澳台和散居于世界各国的华人、华侨。

改革开放以后，我们猛然发现，与西方国家在经济上的差距，不啻天壤！于是，人们把这种经济上的落差等同于文化上的落差，进而把现代化等同于西化，在各个领域模仿西方。我们用西方人的思维和学科体系解读或者重构我们的固有文化，遇到扞格不入之处，就一定批评我们落后、不科学。在生活方式上，更是奋力追赶西方时髦。在我们日复一日地用西方文化改变自己的文化基因的同时，我们的固有文化正在全线瓦解，在所谓"文化多元"的口号下，我们的信仰、文化认同五光十色，而以认同西方为大宗，因此，当务之急是要重新找回自己的文化价值。

第四，树立民族形象，提升国民素质。最近几十年，中国成功实现了经济起飞，成为世界第二大经济体，遗憾的是，我们的文化教育相对滞后，人的素质跟不上。许多富人出国旅游，由于缺乏应有的教养，不知礼仪，只会大把撒钱，外界观感普遍不好，由此影响到了中华的整体形象。有些国家经济状况欠佳，迫切希望国外游客到访，但即便如此，对中国游客也持不欢迎态度。有些西方媒体借机抹黑中国。在某种程度上可以说，我们能否重塑自己的民族形象，决定着我们将来能走多远。

文化是什么？在不少人眼里，文化无非是明星大腕、歌厅酒吧、说学逗唱、调侃打诨，更有甚者认为花几百万搭一个台，让歌星、名嘴与老百姓近距离见面，献花拥抱，就是文化的最高形式了。但文化的基本属性不是商品，而是教育。中国自古重视教育，《管子》说"仓廪实则知礼节，衣食足则知荣辱"，认为物质生活与精神生活必须同步发展。孔子主张对民众要"富而教之"，贫穷会成为社会动乱的根源，富而不教同样会滋生社会问题。西方人说中国"有富人没贵族"，是"富而不贵"。在西方语言里，富，是兜里有钱，贵族，是指有教养的人。我们尽管已经富起来，但是倘若没有教养，让人如何对你有敬意？民族振兴如何实现？

毋庸讳言，当今要建立文化战略，涉及的首要问题是如何对待传统文化的问题：它是沉重的历史包袱，还是宝贵的思想资源？争论了将近一百年还没有解决，这是在其他任何一国都罕见的现象。

中华文明是人类历时最久、也是最优秀的文明之一。罗素曾经说："中国与其说是一个政治实体，还不如说是一个文明实体，一个唯一幸存至今的文明体。"孔子是联合国教科文组织确认的世界十大文化名人之首，这是中国人的自豪；1971年美国参众两院立法规定，以中国著名教育家孔子的诞辰日（9月28日）为教师节。我常常觉得奇怪，我们连资本主义文化都能包容，为什么对自己的母文化不能包容？"文革"期间的"破四旧"，誓言"要与传统做最彻底的决裂"，其结果是，毁坏了无数的文物，伤了海内外不知多少华人的心，使国家形象遭受了极大伤害！历史的教训如此惨痛，我们还不应该牢牢汲取？

中华民族是一艘巨轮，只有用人类创造的一切知识财富才能把它承载起来。《庄子·逍遥游》里说："且夫水之积也不厚，则其负大舟也无力。覆杯水于坳堂之上，则芥为之舟，置杯焉则胶，水浅而舟大也。"

《庄子》此言何等富有哲理！只有凭借五千年文明的深厚积淀，中华民族的巨轮才能扬帆远航！

九州天下：中国文化与中国人

中学和西学

何兆武

一百多年来中国的问题出在哪里？如果从思想的或文化的角度来说，很可能是中国始终没有把自己跟外界的关系摆好——特别是跟西方。当然后来也有日本，日本维新以后也要学西方。假如我们能够把这个关系摆好的话，那么近代许多的曲折和痛苦的经验有很多可以避免。我想把近代的历史放在这个文化背景的观点上来考虑，所以这一篇的题目就是"中学和西学"。我们看问题，既从理论的层面去看，也从历史的层面去看。历史讲的是事实，理论上讲的是是非，我想两个层面都应该考虑。

　　第一，我为什么提出这个问题？我们中国是世界上少有的文明古老的国家之一，而且是历史最悠久的，没有中断过。其他的古文明，比如说埃及、巴比伦的，甚至古希腊、古罗马的，后来基本上都中断了。这些古老的民族都已经不存在了，它们的文化、文明若断若续，继续了一个时期以后断层了。中国五千年的历史中，总有四千八九百年，是远远超过跟她相邻的民族或者国家的文化的。日本在古代就有遣唐使，就是派遣留学生到中国来学习；今天的日本文字还是模仿汉字造出来的，所以至今还夹杂很多汉字。所有的南洋国家，还有北方的一些游牧民族，包括入侵到汉族地区来的，他们的文化都远远落后于中国。这一点是中国，特别是汉民族的一个光荣。但是，这也遗留下一种心态，就是老以为自己是"天朝上国"，把其余的民族看成是"蛮夷"。"蛮夷"跟中国是个什么关系呢？我们是宗主国，他们来是朝贡、取经的。清中叶以前没有外交部，只有理藩院，把外国看作藩邦。这是几千年来养成的一种自高自大的心态。

18世纪，英国已经开始成为世界上第一个超级大国了。英国派遣使臣马戛尔尼到中国来，希望能跟中国通商。但是马戛尔尼觐见乾隆皇帝的时候，乾隆皇帝、整个朝廷乃至整个国家都是以一种"天朝上国"的心态来看待这个英国人，认为英国这个"蛮夷之邦"朝贡来了。为了觐见的礼节，还闹了很大的矛盾。因为在西方，只对上帝下跪；可是我们中国人见皇帝时要跪。后来英国的使臣提出要跟中国通商，乾隆皇帝用一种恩赐的、高高在上的态度来对待洋人，他答复说，我们天朝上国什么都有，不必依靠你们外国蛮夷之邦。

但是到了19世纪，1840年爆发的鸦片战争，是对中国的一个极大的打击。从这以后，有很长一段时间，中国连续打败仗。

接着就是第二次鸦片战争、英法联军对中国的战争，后来就是中法战争，一直到1894年中日甲午战争。日本明治维新，学了西方，结果日本就变成了东方的强国。原本在中国人眼里只是一个小国，是一个藩属，结果把天朝上国也给打败了，这对中国是很大的刺激。接着是1900年八国联军把北京城给占领了，当时北京是首都。一连串的败仗，给中国人的心理方面造成一个很大的扭曲、挫伤。在西方人的心目中，中国是个野蛮、落后的国家，而且确实也不堪一击。这就造成一种心理上的complex（复杂），一种情结，一下从"天朝上国"落到百不如人的状态，这个心态一直存留下来。在清末的时候，原先叫外国人"夷人"；但是后来，这个自高自大一下变成自卑自贱，认为洋人就是文明的，中国人自己是野蛮的。于是把西方的一切都加上"文明"两个字，甚至于非常小的细节，也是这样看。中国古代的婚礼是跪拜天地、跪拜高堂；后来婚礼改革，不跪拜了，改鞠躬，那叫"文明结婚"。认为这种结婚是文明的，那么我们过去传统的结婚就是不文明的了？中国过去演戏，西方的话剧传入以后，就把话剧叫作"文明戏"，认为那个戏是文明的，换句话说我们的戏是不文明的？甚至于日常生活里面，比如人年老了拿个手杖。洋人到中国来也拿手杖，他们的手杖跟中国的形状有点不一样，这叫作"文明棍"，那么中国的手杖相形之下就是不文明的了？

我说的是很琐碎的生活细节，但它反映了心理上的一种扭转。自卑和自大本来是一对孪生的兄弟，本来认为自己高人一等的，忽然受到挫折，就跳到另一个极端去了，觉得自己什么都不行。这种不正常的心态总是在两个极端之间摇摆，摇到这个极端就是崇洋媚外，摇到另一个极端就是盲目排斥西方。比如鸦片战争以前，大学士倭仁是曾国藩的老师，他是个极端的守旧派。据说他见了洋字的时候，就用扇子遮住自己的脸，认为看这个"洋"字是一件肮脏的事情。后来的外交部，清朝那时叫总理衙门，那个门的设计安排是很奇怪的。中国的衙门应该是三个门，中间一个大门，两边两个小门。中间的正门平时是不开的，皇帝来时才开。可是外国使节来了，作为国家的代表，一定要走正门，而中国就绝对不能开这个门。所以这个总理衙门没有正门，只有两个边门，洋人出入也是走这两个门，这是一种变通的办法。这种变通的办法的背后，反映的是一种心态。到了义和团的时候（对义和团究竟怎么评价是另外一件事），凡是中国人信基督教的，就是"二毛子"。"毛子"是"鬼"，"大毛子"就是洋鬼子，"二毛子"就是小洋鬼子。当时的义和团，大毛子要杀，二毛子也要杀，而且把德国公使克林德杀了。这也见证了当时我们国家的民族心态不健全的一方面：总是在两个极端之间摇摆，这个关系摆不好，所以跳到一个极端，就是狭隘的民族主义。我想如果从这个角度来看中国近代历史的进程，特别是中国近代文化史和思想史的进程，大概会得到一些启发。如果我们今后希望可以健全稳固进步的话，那么这种心理上的疙瘩，这种complex，一定要避免。既避免狂妄的自高自大，也避免那种最没有出息的自卑自贱。

第二，我们怎么从历史事实的演变来考虑这个问题？我们有一种提法：中国对一切文化，无论古今中外，都应该是"取其精华，弃其糟粕"。这句话按字面上说是完全不错的，本来我们对人家的东西，就应该吸收好的，去掉坏的。不过仔细一想，仅仅这么说是不够的，等于是句空话。比如一个学生学老师，当然是学他的优点，不是学他的缺点。任何老师不会只有优点没有缺点。王国维先生是我们的太老师，他抽烟抽得非常厉害，那么学生向他请教的时候，当然不必学习他的吸烟。这不成其为问题，用不着提。所以这句话在逻辑上有点同义反复。如何使之有具体的内容、具体的意义，这才是关键。我想这里有两个问题是要考虑的：第一，什么是精华，什么是糟粕，这条线怎么划分？划分这条线是很不容易的，每个人可以有不同的标准。你认为是精华的，我却认为是糟粕，这些往往很难界定。而且即使有那么个标准，这个标准也不会是永恒不变的。比如现在提倡京剧，说京剧是国粹；但鲁迅的文章里把京剧骂得一塌糊涂。鲁迅不但看不起京剧，而且对国粹非常头疼。当时是20世纪20年代到30年代，守旧派提出来保存国粹，鲁迅就提出来，中国面临亡国灭种的危险，我们要保存国粹，但是也要问国粹能不能保存我们。

更具体地说，比如孔孟之道，这是在中国流传了几千年的东西。孔孟之道是不是国粹？应该说它是。但也有人说它是糟粕，不是精华。孔孟讲"仁义道德"，讲"仁者爱人"，这应该是一

　　　　　　　　九州天下：中国文化与中国人

种崇高的理想。但是你们看鲁迅的《狂人日记》，那里边就讲，什么仁义道德，背后都是血淋淋的"吃人"两个字。当然这个说法也对，中国历史上最残酷的事情都是打着"仁义道德"的幌子去干的那些坏事。你们看20世纪30年代的文献，凡是赞成尊孔读经的都是反动派，都不是好东西。当时我还是一个中学生，那时你要问我们对尊孔读经的意见，大都是反对的。其实我们根本没读过，反感的最简单的原因就在于当时提倡尊孔读经的都是些反动军阀，包括当时的监察院院长戴季陶、粤系军阀陈济棠、湘系军阀何键、北平二十九军的宋哲元、山东军阀韩复榘等。像这些愚昧、反动的军阀，他们提倡的东西，能有什么好？所以当时凡是要求进步的，要求中国改革的，都不赞成尊孔读经，因为它救不了中国。但是今天，我们的情绪好像又有点反过来，不反对尊孔读经了，又提倡保存、发扬国粹了。我们过去在理论上考虑这个问题的时候，仅仅停留在抽象的词句上，就是"取其精华，弃其糟粕"。我们应该有一个更明确的、具体的界限。但是，对精华和糟粕，提出一个明确的标准来划分，这是很困难的事情。

这里又涉及一个问题：不但这个标准很难划分，而且精华跟糟粕是可以互相转化的，事情就更麻烦了。一个东西本身无所谓精华或糟粕。比如一把锋利的刀，可以切菜，也可以杀人。又比如鸦片，算是精华，还是糟粕呢？作为毒品，它当然是糟粕；但是鸦片又是一种疗效极好的药品，如果用来治病救人，它就是精华。所以问题在于这个东西在什么条件下如何被运用。原子能是人间最有威力的能源了，我们可以用它来发电，也可以把它微型化用在飞机、汽车、轮船上，和平使用原子能是造福人类的。但如果你要制造原子弹伤害无辜平民，那它就是危害人类了。世界上用原子弹杀人的，最早的而且是唯一的一次，就是1945年夏，美国分别在日本广岛（8月6日）、长崎（8月9日）投了两颗原子弹。照美国军方的解释，投这两颗原子弹，日本马上就投降了。确实相隔只有几天，8月14日日本投降，而且日本天皇投降的诏书上说，最近敌人用了一种新型武器，为了避免人民更大的伤亡，所以我决定停止战争。这个诏书好像可以反证原子弹是起到了停止战争的作用的。第二次世界大战以后，关于原子弹的使用，国际上包括美国在内有各种不同的意见。有的美国人认为这是人类道德的堕落，一个原子弹投下去死伤几十万人，大部分都是无辜的平民，并不是作战人员，这太不人道了。美国也有另外一种解释，说如果不投这个原子弹的话，估计日本还可以作战一年，美国就要派海陆军登陆日本，估计美方的损失，死伤就要有100万人。当然日本的损失就更大了，在日本本土上作战，不仅仅是日本军人伤亡，也会造成日本大量的平民死难。这个损失要大得多，所以权衡轻重，还是用原子弹为好。这个，我们究竟应该怎么评价呢？我想很难评价。

还有一个例子。北大历史系的邓广铭老先生，90岁去世了，我在报上看到纪念他的文章，提到邓先生在"文化大革命"以后曾说："老实说我在'文革'里面没有受很大的罪。"老一辈的学者大概都是吃到苦头的，为什么他说没有受很多的罪呢？因为他的原则是"好汉不吃眼前亏"，当时要他怎么样，他就怎么样。这里面就涉及很复杂的伦理问题了。如果我们在黑夜里遇到一个暴徒，他掏出武器来，要你把钱包放下，在这种情况之下你应该怎么对待他？当然你可以非常英勇地与他进行生死搏斗，不失为英雄好汉；但是另外一种办法是，你要我把钱包放下，我就乖乖把钱包放下，我想这也不失为一种明智之举。你何必一定要为了这个钱包，瞎一只眼睛，或者受重伤？但是假如那是大量公款怎么办？这就涉及伦理道德的问题了。再大一点，就是传统所说的"饿死事小，失节事大"。要是涉及更大的利害，应该怎样办？是跟他搏斗呢，还是丧失原则呢？

我想说的是，精华与糟粕之间是可以转化的，我们很难找到一种方法说它绝对正确，它总是在不同的条件之下起不同的作用。是精华还是糟粕，这并不取决于事物性质的本身。精华与糟粕之间有没有一条不可逾越的界限？恩格斯讲辩证法时说，事物之间并没有一条"hard and fast line"，没有一条明确的界限。所以我们说"取其精华，弃其糟粕"，在两层意义上，都是很难把握的，这是最困难的问题。

第三，我们怎么从理论的角度考虑？就是怎么理论地去确定我们所谓的"中学和西学"？这曾困扰了人们一百多年，可以说是中国近代文化史、思想史最重大的一个问题。从字面上讲，中学就是中国几千年来的传统留给我们的学问，广义也包括留给我们的知识、思想；而最近的一百多年，鸦片战争以后从西方传入中国的各种学问、知识、思想，或各种理论，是中国传统上所没有的，我们就叫它西学。中国到了近代，必须经历一场近代化的历程，不能老是那些传统的、中世纪的东西。"近代化""现代化"，在英文里是一个词，都是"modernization"。早些的时候，比如一百年前，我们用"近代化"；当今，我们就用"现代化"。中国到了19世纪，所面临的最重大问题就是怎么近代化。不要现代化，就不能生存在近代的世界里，等于是自取灭亡。我们不可能完整地、一丝不动地保持几千年传统的那一套思想、学问，也不可能再在中国古代传统里边生活了，那样就无法回应近代的世界。那么这场历程应该怎么解决？

我先做一个理论上的说明。鸦片战争以后的近代中国，可以说是一场中学与西学之争，或者说新学与旧学之争。当年清华的冯友兰先生写了一本书——在当时学术界很有名的《中国哲学史》。清华哲学系的金岳霖先生写了一个《审查报告》，其中提到：如果一个人写一本书叫《英国物理学史》，他不是讲"英国物理学"的历史，而是讲物理学在英国的历史。英国物理学的历史，物理学在英国的历史，这是两个不同的概念。这好比我们写一本《法国物理学史》，一种含义是"法国物理学"的历史，也就是说有一种东西叫"法国物理学"，跟"英国物理学"不一样。但大家都知道物理学都是一样的，所以严格地说，法国物理学史也只是物理学在法国的历史。那么有没有一种东西叫"中国哲学"，有没有一种东西叫"西方哲学"呢？我们说"中国哲学史"，究竟是指"哲学"在中国的历史呢，还是指"中国哲学"的历史？如果要说哲学在中国的历史，在这种意义上，那么一本《中国哲学史》的内容在本质上与西方哲学史就没有区别。比如说，我们认为哲学的根本问题就是存在与思维的关系问题。那么中国哲学史与西方哲学史，在某些形式上可以表现不同，比如我们管这个东西叫作"理"或"气"，古希腊呢，就叫作"形式"或者"质材"；但作为哲学史来说，本质上没有不同。那么极而言之，有没有中国文学史呢？那是"中国文学"的历史，还是"文学"在中国的历史呢？当然，有中国文学，或者英国文学。可以从另一个角度看，也可以说没有中国文学，没有英国文学，只有文学在中国、文学在英国。中国的文学不过是用方块字表示，西方的比如英国的文学不过是用英文字母来表示。除了这个形式不同以外，内容则是一样的。我们还可以找出具体的例子来，我们可以找出两首爱情诗，都是要表达自己的热情，都表现得非常好。例如我们说"思君令人老"和说"To think of you make me old"，是文字不同呢，还是内容不同呢？

我这里举这些例子，是要肯定一下中学与西学本质上的意义是什么。17世纪的大哲学家斯宾诺莎，他给"本质"下了一个定义，"By substance I mean that which exists in itself and is understood by itself"，就是本质以它本身而存在，并且是通过它的自身而可以加以理解的东西。这个说法比较抽象，我用一个具体的例子来说明什么叫本质。比如说几何学，大家知道那是希腊人的天才贡献，现在全世界的几何学都得学欧几里得的几何学。几何学成立于希腊，我们可以不可以说几何学就是希学？恐怕不能这么讲，因为在别的国家的几何学一样可以发达，而且它的内容跟希腊的是完全一样的，没有任何不同。如果不同的话，无非是它用的字母不一样，我们用甲乙丙，希腊用 α β γ，英国用ABC，但这不是它的本质。作为本质来说，几何学都是几何学，两千年以前的希腊欧几里得几何学和今天任何国家的几何学都是这样的。在这种意义上，我们很多东西，都不能说它就是西学。比如说牛顿，他是英国人，是不是牛顿那套古典体系就是英学？不能那么讲。我们今天在中国学的也是牛顿的体系、牛顿的定律，那么这是不是我们学的就是西学？不能那么讲。我们学的是数学，是几何学，是物理学，而不是西学。因为在本质上并没有规定这个东西只能属于西方。18世纪的时候，牛顿体系在法国最流行，法国分析学派两位"拉"——拉布拉斯和拉格兰治，都是法国人。这个学派的发扬光大是在法国，不是在英国，那么我们是不是叫它法学？也不能这么叫。将来我们中国的物理学完全可能走在世界的前沿，那也不能说就是中学。因而在这种意义上，所谓"中学""西学"，就没有什么具体的内容规定。

孔孟是讲仁义道德的，那是不是一讲仁义道德就是中学？难道西方的思想家、哲学家就不讲仁义道德了？肯定不是这样。比如耶稣基督教也讲爱人如己，那跟中国孔夫子的教训"仁者爱人"是一样的。18世纪康德也讲仁义道德。古今中外都讲仁义道德，我们不能说讲仁义道德就是中学。所以，我们也不能认为凡是讲船坚炮利，或者讲声光化电，就是西学，中国照样可以讲而且必定讲。所谓西学，无非是说某门学问最早出现在哪个地方，并不是说它本质上就是属于某一个国家民族的文化的。换句话说，那都是后天的，不是先天给定的。所以我们过去很长一个时期里，有这两层含义的混淆，以为中学、西学始终是先天的品质。那个东西就是西方人的，这个东西就是中国人的，好像先天就注定了，中国就是这样，西方就是那样。我觉得这是把后天在某种条件下偶然出现的某种东西，认为是先天本质所规定的东西。事实并非如此。中国历史上没有几何学，这并不意味着上帝在创造中国人时把几何学的遗传因子给抽掉了，只不过是因为某种条件，使得几何学最早出现在希腊。也不过是因为某种条件，近代牛顿的力学体系出现在英国，但这绝不是说这个体系就是英国的专利，别的国家、别的民族就不配发现这个定律，或者根本学习不了。中国人学习力学一样可以学习得很好，甚至于可以超越它。可是很长一段时间里，我们把这两个概念混淆了。总是有意无意地认为某一个民族先天注定了具有某些特定的品质，只能够习惯于哪些学问，而另外的学问是他所不大能学习和掌握的。我现在要在概念上明确的就是：所谓中学、西学，仅仅是后天的偶然出现的一种情况，它偶然在某种情况下出现在哪个国家，并不意味着这种学问是天生注定属于某一个民族的特质的，而不适宜于别的民族。

这个观念的错误就导致一百多年来中国思想界出现了很多不成问题的问题，正是这些问题的纠缠，使中国摸索了很多曲折的道路并造成了很多的浪费和损失。最开始，中国以为自己是天朝上国，那么文明，好得不得了，别人都是蛮夷，都是落后的。经过鸦片战争战败之后，中国有一批人觉悟了。觉悟之后就认为中国打败仗是因为船炮不行，所以最早一批思想比较开明、比较清醒的人，就提出来要学西方的这个长处。林则徐是第一个跟英国人正面打仗的人，林则徐的朋友魏源提出来一个有名的口号，这个口号后来一直在中国非常有市场，叫作"师夷长技以制夷"，就是要学习外国人的长处，用来对付外国人。他们不是船坚炮利吗？我们也学他船坚炮利。我们过去几十年的历史研究，认为这是早期的改良主义。当然这批人在政治上是改良的，但我觉得不如用另外一个词更为妥当，就是把这些人当作是在文化领域、思想领域认识最早的新学派，或者叫作西学派。他们知道中国不能闭关自守，老是守着自己的一套传统的旧东西不行了，要学一点外来的新东西。

比魏源再晚一点，曾国藩的学生冯桂芬避难在上海，写了一部书叫《校邠庐抗议》。这是他的政治理论论文集，那里面正式提出来他的文化政策的主张。他认为人们应该在学习中国历代圣人给我们留下来的经典的同时，也要学西方的长技，把西方优点作为辅助。这是最早的一个文化方案，当然还是以中学为主。

后来又进一步，就是中国近代史上所谓的洋务派，曾国藩、左宗棠，后来的李鸿章、张之洞，这几个人是最重要的代表。他们是掌实权的人，通过他们自己的体验，也觉得光是中国传统的那套学问对付不了现代的世界，还是需要一些新的东西。清朝末年的变法有所不同了，后来地方的势力比较大了，变成了外重内轻之局。像曾国藩、李鸿章，虽然不在北京，但是在地方上势力比较大，这些人开工厂，办一点近代学校。这些学校教学的内容是什么呢？是学外文，学基础自然科学。因为这时候有了更进一步的认识，就是说我们不光是要造船，比如江南造船厂、福建马尾造船厂，不光是掌握技术，还得有基础的科学知识。数理化都不懂的话，船炮是造不好的。比他们再晚了一辈的或者跟他们同时的一批，我们叫作洋务派的知识分子，在政治上是改良主义者，并不赞成革命，还是要保持中国原有的政治制度，但承认老一套是不够用的，要学习西方很多的东西，主要是一些新的知识、科学技术的知识。

比他们稍晚一些的人，我想最早应该是郭嵩焘，他是湖南人，做过兵部侍郎。他是中国第一个出使英国的大臣，在英国住了一段时期。他算是最早的一个比较具有世界眼光的人。从他开始，出现了一批人，其中包括他的幕僚，包括他的学生。这些人在思想上又进一步，觉得还不光是要学科学技术，科学技术的发达要有一个社会条件，没有相应的社会政治体制也不行，所以必须有一套社会政治体制与之配套，也就是我们所谓的近代化或者现代化。他们就提出来政治上要改良，要君主立宪，要设议院、开国会，等等。这都是清朝末年改良派的立场。他们看到了西方的国会、议院是沟通上下之情的，就是人民与政府之间有个沟通的渠道，有议员、人民代表。这是一个条件，没有这个条件的话，一个国家的繁荣富强是不可能的，近代的科学技术也不可能发展。

认识上再进一步的，就是我们的太老师王国维先生、梁启超先生那辈人物了。清朝末年，王先生就说，我们过去向西方学习，学的都是那些"形下之粗迹"，而没有学到"形上之真髓"。严复也持这种看法，认为我们过去学习西方，只是着眼于科学技术，而没有考虑到那背后的思想和文化的根基。科学技术要和思想文化、政治社会体制相配套。当然这就看到西方国家的历史文化的深层次的东西，而不仅仅是看表面上的技术。所以王国维、梁启超，也包括严复，都是属于最早介绍西方的思想理论的行列。那时介绍了很多西方的政治理论，比如严复就翻译了亚当·斯密的《国富论》。亚当·斯密的《国富论》可以说是西方自由资本主义的"圣经"。中国有没有经济学理论呢？当然过去也有，不过那都是片段的，没有像亚当·斯密那么系统地、完整地来讲。他讲什么呢？我们假定在一个自由市场里，每一个人都是单纯追求自己最大的物质利益，换句话说，就是追求发财或唯利是图。正因为每个人都追求自己的最大利益，就有一个无形的手在里面调节，使得这个社会成为一个最有序的社会，而且是一个秩序最良好、最繁荣稳定的社会。简单地说，这就是他的《国富论》最基本的内容。严复把它介绍到中国来，就给中国发展资本主义、个人主义提供了一个理论基础。过去中国传统都是集体主义，一讲个人主义就是臭得不得了的事情，是自私自利。但是，亚当·斯密在自私自利里面发现了一种因素，这种因素他认为是真正维护社会的进步和秩序的最重要的条件。同时，梁先生和王先生最早把德国古典哲学介绍到中国。这是清末一直到民国初年的情况。

再晚一点，到了中华民国以后，大概是1911—1921年这十年里面，出现一个高潮，这个高潮最后就是五四运动。五四运动提出两个口号——"科学"与"民主"，即"赛先生""德先生"。中国过去有没有科学？当然有。但是中国过去有没有近代科学？在严格意义上说，也可以说没有。中国真正学习牛顿体系是20世纪60年代的事。一直到19世纪末，自然科学在中国还没有生根。这不是说古代没有科学，比如古代人会造车轮，他就知道圆周和直径的关系，大约是三比一的关系，所以有"周三径一"之说。但是这不等于近代科学，那是从经验里得出来的片段的知识。近代科学是一种有系统的知识工程，我们要走这条路，就非得有"赛先生"不可，非得有近代科学不可。科学一定要有一个社会条件。跟近代科学相配套的，还得有德谟克拉西。德谟就是人民群众，克拉西是政体，我们没有一个民主政体，科学本身很难成立。所以五四运动就提出了两面旗帜：科学与民主。可能在当时还有某些幼稚或者不完备的地方，不过中国近代的确需要这两个东西。这可以说中国的认识又进了一步。

清朝末年最后一个代表是张之洞。那个时候民主革命的浪潮已经开始高涨，张之洞做过湖广总督，并且办了很多近代的实业。他也知道科技方面要学习西学，可是传统的政体却不能改变，因为一改变，君主政体就不能维持了，所以他说民权之说一兴（民权就是讲德谟克拉西），全国必然大乱，中国就不能收拾。张之洞总结出一个口号，叫作"中学为体，西学为用"。就是说要守住一个本体，即中学；光是中学还不够，也要西学来作为应用。一方面，我们固守传统的思想学风、意识形态，作为"体"；但是其中也吸收西方的各种技术，作为我们的"用"。从表面上看，这个提法跟三十年前冯桂芬的主张基本上是一样的，但是在不同的历史条件之下，其内涵却不一样。冯桂芬也是要以传统的中学为体，辅以西方的富强之术。但在冯桂芬的时代，中学还没有根本动摇，所以你只能提中学为体，大概谁也不会反对中学为体，问题是要不要西学。保守派就认为西学是绝对不能要的，但是冯桂芬就认为西学还是需要的，所以冯桂芬的立场实际上是为西学争地盘，也就是给近代科学争地盘。但是到张之洞的时候，革命已经是风起云涌了，传统的政治社会体制已经根本动摇了，他要维护这个体制，所以要讲"中学为体，西学为用"，实际上是在为中学争地盘，唯恐西学动摇了中学之体。

当时的中学、西学各有具体、明确的内涵，跟我们后来争论的不一样。张之洞所谓的中学就是"三纲五常"：君为臣纲，父为子纲，夫为妻纲。这是几千年的传统的社会和传统的政治理论的基本原则，这个是体，是绝对不能动摇的。到了20世纪30年代，也有人谈民族本位文化，那就有点缺乏具体的内涵了。因为你到30年代，还讲中学、西学，就没有意义了。每一个名词、概念或每一种思想的提出，都有其当时具体的规定。如果脱离这个历史条件的话，我们还用这个中学、西学的观念去概括我们的知识或思想的内容，那就文不对题了。这种情形十分普遍。随便举个例子，我们习惯用的、一直到今天还在用的"左"和"右"。这个"左""右"的含义只有在固定的历史条件之下才有意义，如果脱离了历史背景，"左""右"的含义就变成空洞的了。在革命年代，有人赞成彻底的革命，采取激烈的革命行为，这个我们说他"左"；有的人不赞成革命，赞成维持原来的秩序，或只做一点枝节的改良，我们就说他"右"。这也就是激进跟保守之分。但是后来我们一直沿用这个观念，有些就对不上号了。比如"四人帮"，你说它是"左"，还是"右"？我们过去批"四人帮"都说"四人帮"是极"左"；可是到了后来其被定性为极"右"而不是极"左"。那到底是"左"还是"右"呢？我想两方面都能说得通，因为那个时候"左""右"的含义已经不同了。假如我们说"左"，就应该是三同，大家同吃、同住、同劳动。"四人帮"的生活远远脱离人民群众，把皇家园林圈起来，作为自己的跑马场，这是连帝国主义的亿万富豪也做不到的！不能想象英国的亿万富豪把白金汉宫圈起来自己跑马，也不能想象法国的大亨把凡尔赛宫圈起来，别人不许进来。这是不可能的事。可是"四人帮"做到了这点，你说他是极"右"还是极"左"？所以从根本上说，"左""右"的概念是要在一定的具体条件之下才有意义的，脱离了一定条件，"左""右"的概念是不适用的。

所以我们说，所谓中学、西学，只有在清末的时候，才有具体的内涵、意义。所谓中学，就是要维持传统的一套思想体系、意识形态和它的政治社会制度；所谓西学，就是反对那一套东西。到了五四运动以后，再讨论什么民族本位文化的这类论战，就没有意义了。因为你已经脱离了那个具体的背景，专制王朝已经被推翻了，至少表面上也打起了民国的旗号，也是共和国了。旧的所谓中学为体的"体"已经不复存在了，也不念孔夫子那一套东西了，所谓中学就没有意义了。用现代术语来说，语境已经变化了。一个语言要有意义，只有放在具体的语境之下才行，脱离了那个具体的语境，它就没有意义了。所以到了20世纪30年代，中学与西学之争就变成一种很空洞的东西。

再举一个例子来说明这一点。20世纪30年代国民党专政，国民党是反对马克思主义的，所以他们也从理论上批判马克思主义。怎么批判的呢？其中最振振有词的一条理由就是马克思主义是外来的东西，不适合中国的国情。而马克思主义阵营就反驳说："马克思主义是放之四海而皆准的真理。"是真理就普遍有效，这一点大家都知道，假如它不是普遍有效，就不是真理。普遍的真理，当然是"放之四海而皆准，俟诸百世而不惑"的，百代之后，它也不会动摇。既然它是真理，它就普遍有效，所以无所谓适合不适合中国的国情。40年代《大公报》有时候也打一些擦边球。国民党老是宣传所谓中国的国情，《大公报》社论就有一篇标题是《贵顺潮流而不贵适国情》，提出我们珍贵的是要符合时代的潮流，不是要适合中国的国情，或者某国的国情，因为国情是人造的，是可以改变的。

19世纪末西方人到中国来的时候，最深刻的印象是：中国的男人都梳一根长辫子，他们就把这叫作"pig tail"，"猪尾巴"；女人都缠足，就是裹小脚；男人、女人都吸鸦片烟，躺在床上，用一杆长烟枪来吸。那时候的洋人对中国人的游记或者报道里面充斥了这些东西，照片也是照的这个。你也可以问，这些是不是中国的国情呢？某种意义上说，也可以说是。几乎当时的中国男人都得梳长辫子，几乎当时的中国妇女都要缠足，这也可以说是中国的特色。那么我们要不要适合这个中国国情呢？我觉得不需要，这个国情可以改变嘛！既然国情是人造的，不好的话，人就可以改变它。现在中国男人不梳长辫子了，中国女人也不缠足了，这很好嘛！真理不在乎它是不是符合国情，假如它不适合中国国情的话，那么要加以改变的是国情，而不是真理。学术和文化，也不以中西分。这是我对中西文化的一点认识。

我以为中华人民共和国成立以后，这个问题是解决了的，不需要再谈什么"中西之争"或者"体用之争"了。但是我没想到，20世纪80年代这个问题又出现了。到了80年代，忽然一阵文化热，又提出来"中学""西学"之争。这个争论已经没有意义了，今天如果再说"中学""西学"的话，我觉得不如改变一下，应该叫作"近代化"或"现代化"的问题。也就是说，我们中国过去是一个古老的社会，有几千年的传统，但是这个传统文化和传统思想，也要不断地更新、创新，不能够老停留在原来的状态。时代是不断进步的，人们的思想、知识也要不断进步。"中学"和"西学"之争是在特定条件下才有的，就是当时中国要不要"近代化"还是固守古老的传统的问题。而今天的问题是时代潮流的问题。我们应该适应时代的潮流，赶上时代的潮流，并且要领导时代的潮流。就这种意义来说，不发生什么"中学"与"西学"之争的问题。

全球化时代代的文化挑战与应对

冯骥才

当今的文化遗产观

不仅仅是站在现在看过去，还要站在明天看现在，这是文化转型期最新的遗产观。对遗产的界定不再局限于个人的、纯粹物质性的物体，现在更多的视线集中在了人类所共有的、精神文化层面上的东西。

每一个时代，都有它时代性的文化问题、文化使命。这个文化使命不是自己确立的，而是被文化的困境逼出来的，是一个时代性的趋势、时代性的逼迫。何为文化的困境？也就是说文化遇到了挑战。什么样的挑战呢？这就是全人类的文明正面临第二个重大的转型期，即从农耕文明向现代工业文明的转型。在原有的文明阶段，不管文化多灿烂，历史多悠久，很多文明都要消失，因为新的文明要确立。

在考古学上，19世纪中期以后，一批考古学家就去西亚考察苏比尔人和巴比伦人的文化，就是现今的伊拉克地区，被两伊战争毁掉的那些非常宝贵的历史文明都是那时候的考古学家发现的。实际上在那个时期，人类文明已经悄悄地向现代社会转型了，因为人类只有进入了一个现代社会，才会把原来的文明、原来的文化作为一种历史文化来对待。从19世纪末期到20世纪中期，文明转型的速度愈演愈烈，特别是当代进入一个全球化的时代，全世界的文明都在迅速转型过程中。这时候，有一个非常大的概念就出来了，这就是"遗产"。

一般认为遗产就是过去的，老旧的东西，是过去时的，等等。可是，杨澜在中国申办奥运会成功的时候提道：中国人要考虑我们给这一届奥运会留下了什么遗产。这说到了最关键的、最现代的一个概念，那就是现代人的遗产概念。这个概念很有意思。什么是历史？历史不仅是站在现在看过去，还要站在明天看现在。看什么？看在这个文明转型时期，我们能够保留住人类文明的什么东西。实际上杨澜提出的是：明天，或者再过一百年，我们再来看奥运会的历史，那会是个什么样？我们会将什么样的文化和什么样的精神注入奥运的遗产里去？这是一个新的遗产观。因为人类的遗产放在历史上，从来都是个人的、私有的、物质性的概念。比如说，父辈留下来的相片，或者细软什么的，其实都是人类过去的遗产观。但是到了20世纪，人类的遗产观开始发生变化，特别是20世纪中期，人类开始把人类共有的、精神性的一种东西看作是遗产。这是人类文明的转型期才出现的一种遗产观，一种新的遗产的概念，这个概念就是"文化遗产"。

人类在这个文明转型期有一个觉悟，这就是第二次文明转型期，即由农耕文明向工业文明转型的时期，跟由渔猎文明向农耕文明转型的时期（5000年到7000年以前）是不一样的。由渔猎文明向农耕文明转型的时候，人类还没有遗产观，所以渔猎文明的文化基本没有留下。但是这一次，人类有了全新的遗产观。这个遗产观不是把这个东西当成一个物，而是当作一个精神。人类已经开始把文化遗产当作精神财富继承下来。在跨越阶段把它作为一个精神的东西继承下来，是人类非常了不起的一个进步。

人类的文明史实际上是这么三个阶段：一个是自发的文明，一个是自觉的文明，一个就是文明的自觉。一开始我在墙上画点画，这是自发的文明；后来把画画、跳舞当作生活中的一种文化，当作一种仪式，或者当作一种艺术，就有了自觉的文化；等到我们去保护它，把它当作一种事业坚持下去，不断地发展它，那么就有了一种文明的自觉或者叫文化的自觉。比如20世纪，人类文明的自觉的体现，就是出现了一个新的文化遗产观，即把遗产作为一种精神而不是作为一种物质来对待。对遗产的看法不是人类回头看过去，而是为了未来，是为了继承。从世界范围来看，人类对文化的这种应对是非常及时、超前和自觉的。

热闹的文化商业化

在商业化的浪潮席卷下，文化亦不能免俗，名人和时尚已经成为文化菜单中仅剩的两道菜，人们的文化消费单调而贫乏，文化传统、民族精神面临着越来越多的挑战。

西方人进入全球化时代是一个线性的阶段，而我们和西方人不一样，我们不是线性的。这就要说到人类文化遇到的第二个挑战，那就是全球化的挑战。全球化的挑战指原有的农耕文明进入现代文明之后，一方面要被工业文明所取代，还有一部分要被商业文化改造。在这个时候，商业文化一定是要在原有的文化里面重新挑选卖点的：能够被它变成卖点的，它接受；不能被它变成卖点的，它就扔到一边。所以我曾经说，民间故事、民间文学马上就要消失了，而且消失最快的就是口头文学。民间故事和民间舞蹈不一样，只要一个电视信号，或者是只要一用电脑，民间故事立刻就没有人讲了，它消失得非常快，而民间舞蹈还可以商业化。

如今，中国的文化进入了全球化时代，它遇到了一个非常重要的商业化的过程。我在天津大学教书时，有一次我的研究生们来找我，三个女孩子非常直率："我们想当超女。"我没有反对，因为谁想做什么那是他的自由，你没有必要反对。但是我必须告诉她们，我说："你们知道超女是商品吗？"然后有一个女孩说："怎么可能是商品？"这个问题我本来想认真地回答，但是另一个女孩问得更直接："商品有什么不好？"这个问题实际很有意思。"商品有什么不好？我愿意当商品。你管得着吗？"后来我说："你要知道，你想当商品的时候，商品有商品的规律。"商品，第一个是促销，不断地炒作、促销；促销完以后要热销；热销以后是走红，你的所有生活细节都能成为报纸、媒体的猛料；然后越炒越热，然后日进斗金；然后到一定的时候，因为新一代的"超女""超男""超老"都可能出现，这样你就开始滞销，因为你不可能老是"超女"。

商品最大的特点就是永远要用新商品去替代以前的商品，要不然商业没法发展，商业也没法从别人口袋里赚到钱。比如手机，今天手机是彩铃的，明天是和弦的，再过两天可以看立体的，再然后是可以拿着互相开会的。它老在变，在一代一代变的过程中不断地从你口袋里把钱叼走。你呢，美其名曰"消费"，实际是别人赚钱。这是商业最本质的一点。既然想做"超女"，那就要做好有一天被社会清仓处理的思想准备。一定是这样一个结局。商业文化的残酷性就在于，商业文化不对文化本身负责任，商业只需要从文化里谋利。商业文化不需要建设，商业文化只需要从原有的文化里面挑选卖点，所以商业的文化一定会对一个民族、一个国家原有的文化结构进行改造，把那些最表面的能成为卖点的拿出来，而且商业文化对你这个文化是不负任何责任的，尤其不负有传承责任。

全球化时代，文化菜单里面实际上就剩下了两道主菜，一道是名人，另一道是时尚。这两道主菜，是商业文化的特点。同样是名人，虚构的人物永远没有活着的人物更能引起公众的兴趣。这就是商业文化的特点。媒体的主菜是名人，所以名人的轶事、名人的车祸、名人的绯闻……名人的一切都成了公众的兴趣，这是现在大家文化生活和文化消费菜单里面一道重要的菜。

另一道菜就是时尚。现在的时尚跟唐代妇女尚胖、楚王好细腰、30年代流行旗袍的那种时尚完全不一样，现在的时尚都是商家事先制造出来的。商家说"明年流行紫色"，先告诉你流行紫色，然后生产紫色的东西。所以现在的时尚实际是商业的陷阱，是从你口袋里面掏钱。现在的商业时尚实际上都是文化的陷阱，在这样一个文化环境里面，商业活动是浮躁的。没有人对你的文化生活负责，只有你自己对心灵中的文化建设负责。面对这样一个社会，我们的传统、我们民族的精神往何处去？这是我们时代文化上的重要问题。坦率地说，就是大家对文化都没有太多兴趣了。没有兴趣是可怕的。我们总说我们是四大文明古国之一，我们地大物博，我们博大精深。现在不太说博大精深了，只说人口多、底子薄。也不太说地大物博了，因为现在土地越来越值钱了，耕地越来越少了。

反思文化"空巢"现象

对旧城的改造让众多城市趋于一致，越来越多的城市缺了那一份独特的韵味，多了份钢筋水泥的现代化气息。古村落的消失、民间艺人的减少、民间文化的失传，渐渐地，承载文化的物质载体便将消失在人们的视线中。

我们的民族是伟大的，但是现在西方人很得意，因为现在我们所用的东西几乎都是西方人发明的。比如说麦克风是西方人发明的，日光灯是西方人发明的，衬衫是西方人发明的，手机、眼镜、手表，包括你正在用的塑料杯子都是外国人发明的。那什么是中国人发明的呢？中国人对这件事情好像很悲观。实际上有一个问题，就是现代社会使用的主要是以西方为主的文化。我们东方的文化，因为非常复杂的历史原因和背景，这一块文化和智慧并没有被开发出来。我们东方的智慧、东方的传统，我们独有的生命观、价值观、审美观都蕴涵在我们的文化里，但是现在我们的文化载体正大量地从生活中失去，而且是不知不觉地就失去了。

首先一个消失的文化是在我们的城市。人类对自己文化的最大的创造就是多样性的文化，大自然最伟大的创造也是多样性，所以要保护大熊猫，保护濒危动物，城市也一样。如果我们不切实加大保护力度，我们的城市必然也要成为濒危城市。一个众所周知的事实是，我们的660个城市在改造的口号下已经变得完全一样了，千城一面，但是没有人感到可惜。我曾经说过，旧城改造是一个荒唐的口号。中国有一句话叫作"旧的不去，新的不来"，旧的一定要把它毁掉。这是农耕社会的一个弊端，那就是厌旧，因为在农耕社会里大自然的春夏秋冬是一轮一轮的，每年冬去春来的时候，都希望万象更新，所以它喜欢新的东西，不喜欢旧的东西。

说句实话，在这一点上，我们不如西方人。西方人很讲究历史感。去过欧洲的人都会深深地感受到，每一个欧洲人，包括农民的家里面，都会把他老祖奶奶的一把椅子放在非常醒目的地方，因为它是充满情感记忆、充满历史纪念意义的。欧洲的很多家庭中，没有像我们那样把彩电搁在中央，他们是把家里的一个历史搁在中间，他们有这样一种精神。但是我们的城市现在正在迅速地消退，现在的城市基本上长得都差不多。我最近去了两个历史文化名城，我感到非常失望的是，这样两个历史悠久的城市，好像从来没发生过任何事情，一切都像是改革开放以后才出现的——都是新建筑，都是玻璃幕墙，都是伪豪华式的水泥做的花，都是奇俗不堪的门脸！

文化的另外一个丧失在于中国古村落的消失。现在中国的村落，除去西塘、南浔、周庄、同里、乌镇、甪直这些所谓的江南六镇保护得还比较好，其余基本是在消失。我们曾请张道一先生的学生潘鲁生（时任山东工艺美术学院院长）做调查，给了他三条线路标准：第一，有鲜明的地域代表性；第二，村落基本体系完整；第三，有非物质文化遗产，就是有自己的民俗，有自己的民间艺术。就是这三部分，我说你调查一下，因为我们想在三年内把中国的民居搞清，希望向中央建议对我们确立的古村落能不动就千万别动了。因为现在城市里已经没有多余的土地可供开发了。

在第二个文化遗产日的时候，中国文联系统和文化部系统对中国民族文化传承人进行了命名，把这些文化传承人请到北京来，给他们很高的待遇。这些人有民间的乐师、歌手、琴师、画师、手工艺人、武师、绣娘等各种各样身怀绝技的人，每个人身后面都是沉甸甸的文化。可现在一个非常重要的问题就是，这些人都在大量地消亡，他们的后代对承继传统没有兴趣。

如今的黔东南地区有30多个少数民族，每年都有40万年轻人到苏浙一带打工，年轻人被那里的商业文化弄得眼花缭乱。到了春节的时候，也就把一些流行歌曲带回去了。然后又一批人被这些东西吸引着出来了，这批人回去以后，都换了T恤衫啦、牛仔裤啊什么的，已经完全不一样了，给当地带来很大的冲击。现在少数民族地区说少数民族语言的人已经越来越少了，每年都有两三个村寨不再说母语。我在前些年成立了一个基金会，我们所做的一件事就是对贵州的所有民间美术做一个普查，拉网式的，对贵州9个地区85个县几千个村寨，大到民居、小到荷包，都做了一个全面的普查，最后做了一个信息库。我又在两会上提了一个提案，我说每一个重要的古村落都要建一个博物馆，把这些东西留在博物馆里面。

世界上有许多古老的国家，比如意大利、奥地利、瑞士，踏足于此，就会发现这些古老的村庄像诗一样的优美。而我们呢？

我们现在的古村落，包括西递、宏村，这种已经被列为世界文化遗产的地方，进去一看，基本上都是新东西。他们不是喜欢新东西，只是因为卖老东西能够赚更多的钱——这些古村落基本上被那些文物贩子们给掏空了。我观察北京潘家园已经十几年了，后来写过一篇文章《从潘家园看中国民间文化的流失》。最早这些人往外卖东西的时候，是家庭的细软，这些值钱的镯子啊、小银饰啊，一些小的比较珍贵的东西。再发展为卖墙上的字画，字画卖完了就开始卖家具、卖房子里面的文房具，卖没有了画的镜框子，卖完了以后再卖窗户……最后卖什么呢？卖牛腿、卖柱子，到最后房子全没了。所以现在还保留的这些地方，我把它叫"文化空巢"。

我们中华民族的历史出现了"空巢"现象，这是很令人痛惜的事。我经常想，我们的后代一定会骂我们无知，因为在文化转型期，我们所做的远不如欧洲人。有一种观点认为，中国现在还是比较穷，先解决肚子问题，等富了后再去思考文化、精神层面上的问题。可什么时候才能想到文化呢？一个国家富，当然好，但是我们的国家、我们的民族富到哪儿去才算是一站呢，才能怜惜怜惜养育我们生命的文化呢？我们一代又一代的人之所以能够交流，是因为有共同的文化，我们的文化不只是语言，不只是我们所用的词汇，我们很容易用同一种表情、同一种方式来进行交流，那是因为我们有一种感应，这种感应是共同的文化所造就的。

例如中国人对水墨的绘画就有感觉，不像西方人那样对水墨没有灵感。我们到大年三十那天如果没有回家，那也非要给家里打个电话不可，那个电话就跟平常的电话不一样，因为那里有节日情感。这就是民俗，是我们民族的特有的情感、情怀和凝聚力，是不需要花一分钱、老百姓一年一次自我增加的凝聚力。

作为一个年轻人，要对自己的国家和民族负有责任。年轻人，在这个时期最重要的就是人生观、价值观的确立，就是对理想的追求。此外，建设自己高贵的灵魂也是极为重要的。我认为知识分子有三个特点：第一个特点是独立思考，对生活有独立的思考、思辨；第二个特点是有逆向的思维，顺向的思维没有价值，就是要反过来考虑，想一想这么做对还是不对；第三个特点是要有不同的意见和声音，相同的意见和声音是没有价值的。作为年轻人汇聚的地方，大学应该是中国社会的大脑，大学就要承担起对中国社会的思考。

传统文化

与

现代人的

安身立命

樊和平

"传统文化与现代人的安身立命"这个题目包含两个层次，一个是中国的传统文化，另一个是我们如何从传统文化当中吸收养分来解决现代人生活中一些重大的问题。

　　亚里士多德早在两千多年以前，就提出了一个看似非常普通，但也是两千多年以来，或者人类文明以来，一直没有能够解决的难题，这个难题就是：人应当如何生活？可以说自这个命题提出来以后，所有的人文科学都在围绕这样一个问题而展开。

　　人到底应当如何生活？20世纪是人类文明突飞猛进的世纪，科技经济在这个时代得到了非常快的发展，可是20世纪也给人类带来了巨大的灾难。每当人类面临一个世纪之交的时候，都会出现一种特殊的现象，叫作"世纪末现象"。一个世纪走完了，另外一个世纪又开启了，人类总好像有一种走到世纪末日的感觉。在18世纪向19世纪走的时候，人类产生过这样一种感觉；在19世纪向20世纪走的时候，也有过这样的感觉；到了20世纪向21世纪迈进的时候，人们世纪末的感觉变得更加强烈。人类有能力分裂原子，有能力去寻找到夸克，有能力飞越太空、走上月球，可是人越来越对自己表现得无可奈何，人无法安身立命。所以20世纪到21世纪的世纪之交有一种非常奇特同时也是非常普遍的现象，就是世界范围之内邪教现象的出现。从日本1995年出现奥母教，到后来美国邪教徒的集体自杀，再到中国的法轮功，许许多多的邪教现象的出现说明了什么？说明人类面临着一种空前巨大的人生危机。

事实上，人生危机是我们每个人都回避不了的。对每一个人来说，就其现在所面临的状况而言，人生的迷茫已经表现得非常突出了。我们不要去考察其他的，只要考察我们的流行歌曲在唱些什么。流行歌曲往往是最能体现一个时代大众层面的人有什么样的感觉、有什么样的感受，他们的生活状况和他们的精神状况如何。我们会发现，从20世纪80年代以来，中国的流行歌曲发生了很大的变化，比如过去流行着一些歌，"不要问我从哪里来""不要问我到哪里去"，后来流行的一首歌干脆就唱"我不知道，我不知道……"。这个"不知道"说明了什么？说明了人生的迷茫。人类在跨世纪，人生方面的矛盾和危机借助这个时间坐标的转折，表现得更加突出。

如何解决这样一种人生危机？大概在1976年的时候，杨振宁等一批诺贝尔奖的得主，发表了一项宣言，说人类已经面临着许许多多严峻的课题。如何来解决人类面临的这些难题呢？他们发出了一个倡议，这个倡议指出了一条途径，就是到两千多年以前的孔夫子那里去寻找智慧，寻找人类生存的智慧。应该说，这不是一般的人、不是一批人文学家发出的倡议，而是一群科学家发出的倡议，并且不是普通的科学家发出的倡议，而是一群20世纪最杰出的科学家——一个杰出科学家群发起的倡议，他们代表着20世纪人类的最高智慧。所以说，20世纪人类智慧的觉悟，是科学精神的重大的觉悟。

　　我们现在所要回答的问题是：如何到两千多年以前的孔子那里去寻找智慧？我们能找到什么样的智慧？这里我必须说明的是，他们所讲的孔子，只是一个象征。孔子象征着什么？象征着中国文化，象征着中国传统文化，因为孔夫子是中国传统文化的代表。因此，我们就必须回过头来重新审视我们中国的传统文化。在一般人的感觉中，有许许多多的传统文化，从过去的长袍马褂到女人裹的小脚，从紫禁城的皇宫一直到乡下老百姓拉的黄包车，都被当作"传统文化"。我们还可以说，从小说、诗歌到哲学到伦理，等等，都是传统文化。关于传统文化我们讲得很多很多，可是我们很难把握到底什么是传统文化。所以我要分析的一个问题，是如何把中国文化当中一些最重要的东西提炼出来，让大家能够通过这些最基本的东西对整个中国传统文化有一个贯

　　　　　　　　　　　九州天下：中国文化与中国人

通的把握和解释，通过这样一个把握和解释，来了解自己、了解中国人。归根到底，我要分析的问题是如何理解中国文化、如何理解中国人，在了解了中国文化、了解了中国人以后，或者理解了中国文化、理解了中国人以后，我们如何来安身立命，如何从中国传统文化当中来吸取我们安身立命的智慧。

传统文化的内容博大精深。我认为，在这么博大精深的体系当中，有三个方面、六个字是最重要的，或者说是最基本的。我把中国传统文化的要素用三个概念六个字来概括，就是：血缘；情理；入世。

第一个要素是血缘。

这里我们先要考察一下文化的概念，考察一下中国文化和西方文化差异的发生学根据，即中华民族和西方民族最大的差异、最基本的差异，或者说中国这个民族和西方民族在开始形成的时候所表现出的差异到底在哪里。

现在世界上大概有两百多种关于文化的定义，我们通常的讲法是，"文化就是人类所创造的一切物质文明和精神文明的总和，它包括物质文化、精神文化，制度文化"。可是这句话事实上什么都没有讲，因为我们周围的一切都是文化，当一个概念什么都能包括的时候，这个概念就什么都不是了。我认为，文化说到底，用一种最简单的概括，就是"人化"。文化做的是什么？文化的任务就是如何把一个人通过"文"而"化"出来。当我们赤条条来到这个世界，当我们呱呱坠地的时候，事实上我们还仅是一个动物，可是就是通过一种文化的塑造，我们慢慢变成了一个人。当我们的祖先在原始社会末期的时候，他还不能说是一个"人"，后来人猿揖别，"人"凸显出来，并且逐步地在提升自己，从原始人变成奴隶社会的人，变成封建社会的人，再变成一个现代人。人就是这样一步一步地，在不同的时代被"化"了出来，而我们每一个个体，也就是通过这个文化不断提升自己。

我们所说的"教育"，就是文化的一个集中体现。我们现在说"文化程度"即高中、大学或者其他什么，可是为什么叫作"小学"？为什么叫作"大学"？这个"大"和"小"到底是什么？它们的区别到底在哪里？西方人叫university，中国人叫大学；西方人叫college，中国人叫学院。为什么呢？从本意上说，大学和小学，是"人化"的程度不同，人的境界发生了一个很大的差异。从小学到大学，个人的境界、人化的程度都发生了一个很大的差异、很大的变化、很大的飞跃。"文"的对立面是"质"，完全的"质"的状态不是人，"文"和"质"是相对的。本来人来到这个世界的时候是一丝不挂的，后来传说人类的祖先亚当和夏娃因为偷吃了智慧果，一下子明白了，觉得一丝不挂是非常不好意思的，很害臊，所以就用了第一块遮羞布，从此，人类的服装文化就开始了。人类知道把自己给遮盖起来，也就"文"起来，它变化了原先质的状态。质是什么？质是质朴，就是我们说的所谓朴素。刚刚锯下来的树，把皮扒掉，没有打成任何家具，没有漆上任何颜色，这叫作朴；刚刚从蚕里抽出来的丝，没有织成布，没有染上颜色，这叫作素。朴素就是原始材朴。我们总觉得评价一个人很朴素，已是一个很高的评价。事实上当讲一个人很朴素的时候我们可能会联想到，这个人不是那么善于言辞的，这个人穿衣服并不是那么考究，用一句话说，这个人很本色。那么什么叫本色？再追问下去就没完没了。但追根究底，那是做学问应当具备的品质。但学问的最高境界不是对那些大家都不懂的问题讲出一些大家都不懂的话来，而是要用每个人都懂的语言解释一般人解释不了的问题。物理学讲到最后，能不能把什么叫作"物理"讲清楚？伦理学讲到最后，到底什么是"伦理"？哲学讲到最后就是什么是"哲学"。哲学是世界观和方法论的总和，哲学的基本问题是思维和存在的关系问题。这个定义，一个两三岁的小孩只要花一个上午的时间就会背，但真正理解就难了。陈景润一个大数学家，到最后解决的是1+1、1+2的问题，而且他一生只解决了1+2的问题，到现在1+1还没人解决。所以大的学问追到最后是追问那最基本的问题，这个最基本的问题一旦突破以后，什么问题都突破了。而人文科学里，一个最说不清楚的问题是"什么是人"。到现在没有人能把这个"人"字说清楚，就是因为它说不清楚，所以人类在不断地研究、不断地探索，人文科学也不断地向前推进。

回到前面的话题：文化是什么？文化就是人如何告别自己那样一种质朴的状态，不断地使自己获得提升。少数民族的人都是能歌善舞的，但是我们并不说他们都有很深的艺术造诣。为什么？赵本山有一个小品，很有启发意义，说他要物色一个唱歌的，要能够把张艺谋电影《红高粱》中《妹妹你大胆地往前走》这首歌唱好。他找来找去，到音乐学院去找不着，到剧团去找不着，最后找到了一个人最合适，那人是一个换大米的人。这个人整天扯着嗓门喊"换大米！换大米！"很容易将这首歌的那种歇斯底里的感觉唱出来，但是我们不说这样的人有文化，或有音乐文化。文化是什么？文化就是人化，把人给化出来。文化水平代表着什么？实际上代表着人和动物、和你的本能状态的距离，你和本能状态的距离越远，你的文化程度就越高。教育是什么？教育的任务就是让你有教养。而教养是什么？教养就是让你告别自己的本能状态，一步一步地获得提升。这就是教育的根本任务。所以大学、小学是什么呢？中国过去有句话叫"养其大者为大人，养其小者为小人"。什么是"大学"？大学乃是大人之学。中国传统文化中有所谓"大学之道"，它讲如何培养"大人"，大学之道就是培养大人的学问。什么才是"大人"？"大人"就是在道德和学问上有很高造诣的，能够修身、齐家、治国、平天下的那样一种人，大学培养的就是那样一种人。所以西方人把大学叫作university。university是什么？university有广博、普适、经天纬地之意，它非常广博，能够和宇宙天地融为一体。college为什么和大学有区别？college培养的是专家，工学院就是college，它的学生主要掌握自己的专业技能。

而一个大学里必须有很多人文科学、社会科学、自然科学、技术科学的学科，这些学科形成了一个良好的生态。所以，黑格尔说，教育的本性就是解放，是将人从本能状态中解放出来以获得自由的一种事业。

言归正传，为什么说血缘构成中国文化的第一个要素？因为中国这个民族，在被"化"出来的时候，就和西方民族表现得非常不同。西方民族是怎么被"化"出来的？也就是说西方民族是如何由原始社会向文明社会过渡的？西方民族在由原始社会向文明社会过渡的时候，经过了一系列的变革。这些变革所做的根本工作是什么呢？就是一步一步地挣脱原有的氏族关系，也就是家庭血缘关系。所以，雅典文化、斯巴达文化等古希腊文化，都以地域来划分公民。本来大家都生活在氏族、部落、部落联盟的社会结构中，它们是以血缘关系来划分公民的。但古希腊尤其是雅典的一个重要的改革是什么呢？就是不以氏族或部落的血缘关系划分公民，而是以地域或地缘来划分，这便是所谓的城邦。在这个城邦之内，大家都是平等的。斯巴达那个国家，在古希腊的时候是最强大的国家之一，为什么呢？它实行一种制度，小孩一生下来就由国家领走，长大了只知国家而不知父母，所以斯巴达人能为国家献身。原始社会，在一个氏族部落里谁是领导？这个很好办，谁年纪最大，谁就是领导。因为在原始社会的时候，年龄标志着一种经验甚至贡献的积累。年龄越大，经验越丰富，所以年长者可以做酋长，做家长。可是，古希腊的改革就是与这些传统告别。如何决定谁做古希腊的执政官呢？通过选举。在以地域划分公民的城邦社会中，因为彼此没有共同的血缘关系，只能靠选举产生执政官，这样古希腊的民主制度就诞生了。一开始的选举既不是举手也不是无记名投票，就是拍手，是鼓掌通过，哪边的声音大哪边就获胜。这是古希腊人也是西方人走向文明的途径。但是，西方走向文明的途径有一个很大的缺陷，它把人类在若干万年中形成的那样一种氏族文化彻底地抛弃了。所以说，西方文化一个很大的问题是它很容易发生一种文化中断的现象。你看，希腊文化，繁荣了相当一段时间它毁灭了，然后罗马文化兴起，罗马文化过了一段时间它又毁灭了，然后另外一种文化再兴起；西方这种文化中断现象，是因为它在走向文明的初期时将最重要的一个共同的根给丢了。

中国这个民族不一样。中华民族在走向文明的时候，是通过维新的道路。西周维新就是中国先民在文明初年所进行的一场最为重要的社会变革。这场变革的核心任务就是建立一个新的社会结构，后人把这种结构概括为家国一体，由家及国。它以家为基础，把家的逻辑和原理伸展到国，形成一个所谓的"国家"。中国的国家和西方的country有着非常大的区别。"国家"既挣断了原始社会的氏族纽带，具有文明社会"国"的性质，又继承和吸收了人类在迄今为止最为漫长的原始社会中所形成的氏族关系的血缘传统，以"家"为"国"的基础甚至范型。所谓"周虽旧邦，其命维新"。显然，"国家"是"国"与"家"，即氏族社会的血缘逻辑（或家的逻辑）与文明社会的国的逻辑中庸调和的产物。在西方人看来，把国和家联系在一起简直是不可思议。什么是国家？什么是country？列宁曾经有一个定义，说国家是阶级压迫的工具，国家是阶级矛盾不可调和的产物，国家机器就是军队、警察、法庭、监狱。但是，我们中国文化怎么看待国家？中国人讲到国家还有一个词，叫作祖国。中国人怎么看待国？这和西方的理念是不一样的。"国"的繁体字，首先是有人口，即"口"；有了人口有土地，即"一"；有了土地以后还要有保卫人民和土地的武装，即"戈"；这些要素具备以后，疆界就有了"囗"。这些要素组成了"国"的繁体字"國"。在这个字的会意中看不到军队、警察、法庭等规定，作为"戈"的武装功能显然主要是对外的。中国先民通过什么路径走向文明？就是家国一体，由家及国，所谓"国家"。西方人翻译的时候很难把这个意思表达出来。当我们把西方的country翻译成国家的时候，事实上很容易丢掉国家理念当中一个最重要的东西，这就是家。这种情况在中西方文化交流中到处可见，另一个典型的例子是"心"的文化意义。中国文化的"心"的意义到底是什么？我们现在翻译成英语的时候，有很多种表达，说是heart，不错，心脏；说mind，也不错，是思想，当讲到心的时候，都与思想相连。但无论是heart还是mind，都难以表达"心"的全部文化意义。中国人说"我心想"，如果直译，西方根本就不懂是什么意思，可能认为很荒谬，因为"heart"，即心，怎么能想呢？海外有一个著名的哲学家，叫成中英，他翻译"心"就是heart-mind，将二者结合，意思就全面多了。所以在很多情况下，中国语词的意义要丰富得多、辩证得多。

中国人是在家的基础之上伸展出国，所以中国传统社会的社会结构，是由家庭到村落，再到国家。家在中国文化当中，具有一种特殊的地位。在林语堂的《中国人》中，他说中国文化有一个攻之不破的真正的堡垒，或真正的万里长城，就是中国人的家。中国文化那么复杂，最重要的、最基本的或第一个要素就是家，不理解中国人的家就永远不能理解中国文化。四大名著当中，《红楼梦》演绎的就是一个"家"的荣辱兴衰；现当代文学名著，像巴金激流三部曲——《家》《春》《秋》，还是以家为题。可是家到底是什么？中国人一开始对家的最质朴的认识，是把"家"看作一个茅草房子，即"宀"，这个房子底下养了一群猪，即"豕"。中国人以家为一种精神上的归宿，最重要的价值观都与家有关系。鲁迅跟保守派论战，论到最后，鲁迅发怒了，骂他们是"丧家的资本家的乏走狗"，论敌被骂痛了，说你骂我是资本家的乏走狗，我也认了，但你说我是丧家的，惶惶若丧家之犬，我接受不了。骂一个中国人丧家，就把他从根基、根本上给否定了，这个人真的"不知道从哪里来，也不知道到哪里去"了，就什么都"不知道"了。中国人最高的理想是什么？过去讲是大同，"老吾老以及人之老，幼吾幼以及人之幼"的大同境界，实际上就是以家为本位和理想。现有宾馆酒店打着"宾至如归"的口号，归什么？归家，到了酒店就感觉到了家一样。但西方文化当中很难读到这样的句子，"宾至如归"译为英文就是随你自己自由自在，就是充分自由。中国人感到最好的地方并不是自由之境，而是后现代西方哲学所说的"在家"，当然"在家"也包括了自由之意。中国人说人与人之间的关系状况很好，好到什么程度，"不是亲人胜似亲人"；说一个领导很好，就说他和蔼可亲。现在中国有一个特殊的名词叫作"亲和力"，也说明家仍然是中国人基本的精神归宿，是中国人最高的一种价值取向。

中国人的最高理想是天下一家。家国一体，家是阴极，国是阳极，国和家叠加到一起，变成一个"天下"，天下是太极。反过来天下最后也要变成一个家，所谓"天下一家"。正因为如此，家本身就是一个国的缩影，要从这个家里头伸展出国来。在中国人的生活中，家是一切社会关系、社会结构的范型。什么叫作范型？就是社会关系、社会结构是由它而引申出来的，它是个model（模范）。中国人的家很特殊的地方之一，就是家庭成员之间的称呼非常复杂，有爷爷奶奶外婆外公，有叔叔婶婶舅舅舅妈，还有什么姨妈姑姑表弟表哥。我们的舅舅、叔叔在英文当中就一个词uncle，但是在中国一定要是两个词，如果不是两个词的话，中国的家将不"家"。举一个最简单的例子。我刚刚工作的时候住在东大的筒子楼里，有个小女孩是外婆带大的，跟外婆非常亲，一放学就要喊婆婆，我们都跟她开玩笑说婆婆不是外婆，她老是跟我们吵，说不是外婆是婆婆。这样吵来吵去啊，我自己倒弄明白了，关键的问题就在一个"外"字，这个"外"字把社会关系分得一清二楚了。婆婆虽然对你好，但是你千万不要觊觎她的家庭财产，那是属于你的表哥表弟的，对你来说是"外"婆。否则的话，到了这个老外婆去世的时候，大家都要回来争夺财产，不是一场争斗吗？中国的这个文化设计，就是在称谓上就把什么都规定好了，你们都不要争，当你来到这个世界的时候，你的一切都定格了。皇太子生下来就注定可以做皇帝，哪怕他是个阿斗。这种制度安排看似很荒唐，但是有一个好处，它避免了在以后的权力交替过程当中无休止的争斗。这就是一种文化设计，中国人从小在家里就完成了这样一种基本的社会化的训练。《红楼梦》中，贾政叫贾宝玉跪下受训，可是老太太一声令下，他只好把手上的鸡毛掸给丢下来。这就像是一个国的机构。所以说家国一体，家的逻辑和国的逻辑是直接贯通的。中国的家，家的理念、家的文化有着一种深刻的社会文化意义。它是社会结构的范型，它是人的价值的源头，是中国人最后的归宿。中国人无论身在何处，只要有个家存在，就不会导致人生的失落。做官不得志，就"告老还乡"，"有子万事足，无官一身轻"。家本身，成了人们生命中的根。血缘是什么？就是人生命的根。所以到最后，人们要回到这个根，只要这个根存在，人就有源源不断的生命力。有一年要过春节了，我准备打包回家的时候，江苏电视台有个记者扛着个摄像机到我家来，他说，要过年了，樊教授，请你谈一谈现在的感觉如何？我想了想，告诉他八个字，叫"周游四方，回家过年"。为什么呢？现代人一年到头在外面漂泊，漂到最后就需要一个港湾，栖息一下，喘一口气，再积蓄能量，迎接未来的一个新的365天的辛勤劳作，这个港湾就是家。中国的许许多多的节日，从春节到元宵节，到中秋节，到七月半的鬼节，都是为了这个家，都是家的逻辑的演练和重温。春节，大家都从四面八方回家来团圆；八月中秋，主题是家圆人圆天下圆；七月半是鬼节，鬼节是要把自己过去的祖先都请回来，大家大团圆。所以家是如此的重要，乃至于它被用到政治上。我们想想抗美援朝。中国在20世纪50年代初期的时候，非常困难，毛泽东敢跟美国人叫板，敢于和美国人说"不"！他发出的号召是什么？抗美援朝，保家卫国！美国佬已经打到家门口了，不打到朝鲜去，我们的家就保不住了。以前那个抗日歌，《黄河大合唱》，也首先是保卫家乡，保卫黄河，保卫全中国。中国人是天生的爱国主义者，出了国他会想家，家乡、国家，基础和核心都是家啊，这都是他的根所在。所以，中国人的家是他精神的归宿。西方社会之所以出了很多的问题，是因为他们"家"的观念非常松散，他们什么东西都是靠法律来维持。不准打孩子，你一旦打孩子以后，马上警察就来把孩子领走，因为孩子是属于国家的，属于这个country，他是一个社会的"公"民，国家的"公"民。西方夫妻之间的关系也是一种契约关系。现在不一样了，特别是"9·11"事件以后，美国人越来越重视这个"家"了。可是中国人呢？现在又反过来，家庭开始走向松散。现在有一种婚前公证，结婚的时候就为离婚做准备，可能说没有怀着真诚的心。中国人特别强调"血缘"这个词。什么叫作"缘"？"缘"是没有办法解释的，你可以把它当成一种宿命，它不可改变、不可选择。所以，中国人都讲结婚是一种缘分。当然这有一种宿命论的色彩，但是这一个缘的观念，使得人在结婚以后能专心致志地把一个家庭建设好，即使两口子吵架了，也互相原谅。而现代人一吵架以后就想到我们性格不合，是不是要为分手做准备。这是一种文化上的肤浅。我们必须对中国文化、对我们的本土文化有一个深刻的了解，了解的起始就是中国文化的血缘要素。

第二个要素是情理。

我们刚才讲中国文化最基本的出发点是血缘、家族，那么血缘、家族的逻辑是什么呢？就是一种情和理，即所谓"情理"的逻辑。

我们现在是一个理性主义的时代，什么都要理性化，实际上这是现代文明的一个误区。人类的文明不是建立在理性的基础之上的，在理性的源头，是非理性。人类的文明在开端的时候并不是理性的，到了最后的时候，也不是理性的。西方精神的最高指向是宗教，宗教是理性的吗？理想和信念都是理性的非理性形式。什么叫作理想？理想是一种美好的向往，如果它已经实现，就不是理想。中国古代讲天下大同，佛教讲普度众生，都是要为人树立一个美好的境界。这个美好的境界，是人的理想和信念。

家族的逻辑，血缘的逻辑，首先是一个情字，是情感。理性化的家庭生活在书本上是合理的，但往往现实生活中家庭的悲剧都来源于理性。家庭里面遵循着什么逻辑呢？《论语》上有一句话叫作"父为子隐，子为父隐，直在其中"。父亲偷了人家的羊，儿子不能告发；儿子偷了人家的羊，父亲不能告发。父子之间相互隐瞒，是符合天理人情的，这就叫"直在其中"。"直"就是真理、真谛，文化的真谛，生活的真谛，就在这种亲亲互隐中。这句话表明传统社会里，家庭生活遵循一种情感的逻辑而不是非常理性化的逻辑。不光是《论语》上这么讲，在阿拉伯的《古兰经》中，在基督教的《圣经》中，都有类似的教诲。家应该是一个最可靠的地方，如果家人都是互相告发，互相为了自己的某种"前途"去钩心斗角的话，人最后一块安身立命的基地就没有了。其他方面可以发生一点危机，但家是不能摧毁的。再从审美来说，中国人在审美上有一个客观标准，唯独在家庭中例外。"子不嫌母丑，狗不嫌家贫"，在孩子的眼中母亲都是美丽的。中国还有句话叫作"情人眼里出西施"。所以在中国，情的传统是非常深重的，家族的逻辑就是情感的逻辑。

有人说，中国传统文化不行，而且从一开始就不行。但事实上中国人在世界文明体系当中独领风骚两千多年，从春秋战国一直到明清，中国在世界上都是先进的。中国的落后始于近代鸦片战争，才一百多年。中国人在两千多年当中都先进，一百多年来落伍，两千多年比一百多年，所以外国人对中国人要与传统文化进行彻底决裂非常想不通。中西方文化的根本差异在哪里？就在于中国的人文主义的传统、人文主义的倾向。比如说，中国有好多词和西方的理解不一样，像最简单的金木水火土。西方人讲水的时候，基本规定和理解是讲两个氢原子一个氧原子，很简单。中国人讲水，很少有人联系到两个氢原子一个氧原子，与之相关的词是"柔情似水""一汪秋水"，老子说"天下莫柔弱于水，而攻坚强者莫之能胜"，由水想到的都是一些生活当中的情理和智慧。什么是火？古希腊的哲学家认为，世界是由火构成的，世界生成于火又复归于火。他们从科学的意义上来分析水和火。而中国说火呢？骄阳似火、热情似火、如火如荼，都是一些非常情感化的东西。中国文化一开始就选择了情感的道路，而拒绝向纯粹理性方向发展。因为中国文化的起点是血缘，而血缘的逻辑是一种情感的逻辑。西方人讲人性的时候，是非常理性化的。中国人讲人性的时候，是非常情感化的。今天你的"心情"好吗？你的"情绪"还不错吗？不讲你的心态怎么样，不讲你的理性状态怎么样。为什么呢？中国从孟子开始提出人性有四个基本的结构，叫恻隐之心、辞让之心、羞恶之心，还有是非之心。这四心当中只有是非之心勉强可以算是一种理性。而恻隐之心、羞恶之心和辞让之心，都各是一种情感。什么叫作恻隐之心？恻隐之心就是一种同情，是怜悯同类的那样一种心情、那样一种情感。孟子曾举了一个例子叫"孺子入井"。一个小孩要掉到井里去了，你为什么会产生同情不忍的心情？为什么要去救他？孟子

九州天下：中国文化与中国人

说："非所以内交于孺子之父母也，非所以要誉于乡党朋友也，非恶其声而然也。"第一，不是与孩子的父母关系好，也不是为了和这个小孩的父母攀交情；第二，不是要在乡邻朋友中得到个好名声；第三，不是由于厌恶孩子啼哭的声音。救这个孩子就是人应该具有的一种本能，就是出自一种内在的情感。中国人称之为"身不由己"。它就是一种情感的驱使。中国还有一句老话叫"精诚所至，金石为开"。情感到了，功夫到了，那什么都能解决问题。

　　但是讲情的时候，千万不要忘记还有一个"理"字。中国人讲"情"，紧接着要有一个"理"，因为情可能变得不合理。情怎么获得合理性呢？要通过理的疏解，叫情之理。比如说，中西方文化都讲爱人，爱人构成了人文精神的基础。西方人讲博爱，中国人讲仁爱。但是西方的博爱是什么呢？遇到谁，都说dear，都说亲爱的，所以遇到谁都拥抱亲吻一下，不管是父母还是同事。但是中国人，对待父母的情、对待子女的情、对待妻子丈夫的情，从表达形式到内涵都是不一样的。一个简单的"笑"字，西方人说你笑一下的话，面部十八块肌肉在动，所以笑对人的健康和美容都是非常有利的。中国怎么讲笑呢？《红楼梦》中就有二十多种笑，一种笑可能让人如沐春风，一种笑可以让人寒心彻骨，还有一种冷笑，你不知道他笑到最后会如何处置你。古代女士的笑要笑不露齿，而北方人的笑要开怀大笑。这就是理，你表达个人的情感，也要有个理。一个老人看到小孩子非常淘气，他可以摸摸他的头，说这小孩儿真可爱。但你去摸摸一个老人的头说这老人真可爱，结果怎样？人们会说这个人真不懂事儿。懂事儿就是懂情理。中国人既讲究情又讲究理，情和理结合起来，再构成一个人生的价值取向和人生价值的源头。

中国人的情感既不是西方人的emotion，也不是简单的一个feeling，它是什么？一个"感"字有很多文章可做。"情感"是什么？由感官所引起的一种情，这是一个最基本的含义。然后有感通，有感动，有感化。什么叫作感通？人与人之间靠什么来沟通？西方人通过经济关系、法律关系来建立契约，中国人说这些是重要的，但是这些都不是最重要的。中国人的最高的境界，是不需要任何外在机制就能心心相印、息息相通。"通"怎么来？就通在这个"情"字上。怎么叫"感通"呢？有一句古诗："身无彩凤双飞翼，心有灵犀一点通。"这个灵犀是什么？就是人的一种情感。人与人之间要发生一种心意上的共通、共振。心意感通，叫心有灵犀，一旦心意感通以后，就什么都好说了。所以中国文化博大精深中有非常周密的一种设计。

再来说感动。中国人的情感不光是留给自己，也不光是交给别人的，它是人与人之间发生互动的一个机制，人与人之间通过情感来互动。所以说，感动就是通过情感的表达使自己或别人发生变化。大家看文学作品、电影电视当中，常常用偷听的方法来解决矛盾和误会。本来有对立情绪，可是偶尔路过什么地方听到什么人的谈话，才明白父母之所以对自己这样严格，甚至有一点不近人情，原来是为了我好，如此等等。一旦体会别人的真正用心以后激动得热泪盈眶，矛盾也就解决了。所以中国人用这样一种感动的机制，在情感上打动别人，在情感上颠覆别人。

说到最后，再来说说感化。中华人民共和国成立前的监狱不叫监狱，叫感化院。有好多东西在理性上要想讲通是很难的，这就需要感化。最典型的一个感化的例子，就是中国共产党曾经成功地改造了一个在理论上最不能改造的人——最后一个封建皇帝溥仪。要把溥仪从皇位上拉下来，还要让他心悦诚服，这个工作非常难。在监狱里给他白面馒头吃，他摔到窗外去，我皇帝能吃这个玩意儿？把他从监狱放出来，他想看看那些当官的吃什么，到厨房里面，发现监狱长蹲在地上啃黑窝窝头。他受了很大的触动，原来这些当官儿的和我们那些当官儿的不一样，他们把白面馒头省给我们吃，自己在啃窝窝头。溥仪回到牢房以后，又把白馒头捡起来慢慢吃下去。所以，你要在理性上说服他，说您是封建皇帝，是压迫人民的，他不会承认，要靠情感的机制感化他。这就叫有情有理，是情感运作的原理。

情感要素的基本文化逻辑是什么呢？是要合情合理，首先合情，然后合理。你合理不合情，就不能被理解。所以中国的教育，是动之以情、晓之以理，实在没有办法的时候，绳之以法。中国文化的智慧是立体性的，情、理、法三位一体。所以我们讲德治，讲德法并举。一个"法"就能把国家完全治理好？如果治理天下这么简单的话，一个有一般智慧和智力的人就能把天下治好了。为什么首先要动之以情？因为首先要让别人认同你。认同不是认识，认识是一种理性，认同是一种接纳。这个"情"字，对现代人的生活，对现代人的安身立命，具有非常重要的意义。

到底什么是"情"？我没法给它下定义，只能举一个最简单的例子说明什么是情。大学生现在谈对象成风，我们在校园里看着一男一女走在一起，问女孩为什么喜欢这个男生，刚刚进校门的或者说低年级的大学生会说：不要问我为什么，跟着感觉走。这就是所谓"纯情"。但是硕士博士，三十出头的女生，会说出好多理由：他上进心强，他家庭背景好，他未来的发展前途好，等等。其实当把这一切都讲清楚的时候，已经不是情感，而是理智，是"老谋深算"了。什么是理性？理性就是给一个理由，就是要问一个为什么，就是要追求最合理、最有利的状态。而情感呢？情感的本性是"只知如此，不可究诘"，因而具有神圣性。说母爱是伟大的，母爱是无私的，因为母亲从来不问为什么，只要看到小孩一天一天长大，就是喜悦，就是满足，这就是情。情感对我们的生活来说具有非常重要的意义。首先，它是价值的源头。道德的和价值的源头是情感不是理性。因为道德和价值都需要一种神圣感，圣是道德的合法性与合理性，神是一种由信仰产生的超验的力量，既神又圣，才具有巨大的动力、巨大的力量，也才具有合理性。我们现在把道德把价值建立在理性的基础之上，实际上家庭、血缘、情感，才是一种价值上的源头。情感是以爱为基础的，当然这说的是一种广义的爱。爱的真谛是什么？

著名的哲学家黑格尔对爱下过一个定义，说爱就是意识到离开了他人自己就不能独立。爱就是不独立。什么是爱情？什么是强烈的爱情？就是觉得少了他（她）以后就少了自己的另外一半。不是他（她）少了，而是我自己身上少了一半。父母爱自己的孩子，一旦孩子上了大学以后，父母在很长一段时间里是非常难过的。孩子可能体会不到父母的失落。在孩子上高三的时候，父母每天起早摸黑地烧饭、照顾起居，很充实。但一旦孩子考上大学，不但是他们离开了父母不独立，父母离开了他们精神上也不独立。这就是爱，就是情感。情感是水泥，能把人与人之间胶合成一个不可分离的整体。同时情感还能超越时空，能够变成一种超越自我的强大的精神力量。我们以家庭生活为例，这是情感表现得最强烈的地方。在国外，家庭生活非常理性化、法制化。听说美国有一个地方法规划，只要夫妻俩多长时间不生活在一起的话，就可以宣布这个婚姻无效。所以中国留学生到国外去一段时间以后，就可以被允许带家属。按照这种逻辑，中国过去简直就很少有家庭生活。你看那些大诗人杜甫、李白，都是到处游山玩水，他们的家属在哪儿呢？不只是那遥远的过去，就是中国"文革"时期以及"文革"以后相当长的时间里，很多家庭都不生活在一块儿，往往到春节的时候才回家一趟，有的时候春节还加班。但这些家庭还是很牢固的。中国家庭不是一种完全理性化的生活，而是一种情感。八月中秋，千里共婵娟。我们一个家族，散布在全国各地、世界各地。中秋的时候，不可能都走到一起，但大家都到室外看着一轮月亮，共同赏月，千里共婵娟。有一首歌唱出了其中的文化底蕴，叫作《月亮代表我的心》。我们虽然不在一起，但是我们彼此是心心相印、息息相通的。把自己的一份情感，就像人造卫星一样投射到月亮上去，再通过月亮发射到另外一个人身上去，于是人与人之间就连到一起去了。这是非常坚韧的文化纽带。如果没有这个，在以往交通那么不发达的时代，所有人都是父母在不远游，不但是父母在不远游，有妻子有丈夫在都不远游。如此，中国怎么发展？就是这样一种文化上的一种感通，才使得中国在那么困难的情况下那么具有凝聚力，发展得那么强大。

第三个要素是入世。

人生最大的困惑是什么？是生和死的问题。人生下来，活脱脱来到这个世界，看着自己一步步地在走向成熟的同时走向衰老，最后走向死亡。从一个婴儿到儿童到少年到青年到壮年，当你走到壮年的时候，如烈日当午，紧接着就如太阳西斜，慢慢下落。所以人最想知道的是什么？那就是：我的未来是什么样的？我怎么样来度过这一生？这一生以后又是如何？我能不能不死？能不能永生？这就叫作人生观。人生观的否定性本质就是人死观，就是如何看待死。悟透了死，才能悟透生。知道了死，才能真正知道生、珍惜生。所以，就着人生讲人生是永远讲不透人生的，人生是要追求一种永恒。这样在人类文化当中，就出现了两大文化形态，一个叫作宗教，一个叫作伦理。宗教告诉我们，当离开这个世界时实际上并不是真正的死，而是到达另外一个更加美好的世界。佛教有一个极乐世界，基督教有一个天堂，paradise，道教到最后也得道成仙。每一种宗教，都告诉我们，有一个天堂，有一个永恒而美好的世界，但是，走到这个永恒、走到这个不死的境界是有条件的。那就是得有道德，人要在这个世界上做好事，要听上帝的话，听佛祖的话，来世才能过上好日子。孙悟空本来犯了那么大的错误，大闹天宫，后来他悔过自新，听了如来的话，护送唐僧去西天取经，到最后还成了佛。道德也是解决这个问题的。人只要做好事，虽然死了，但是精神不死。所以，在任何文化当中，都要有出世和入世这两种文化机制，只是各自的原理不同。中国文化的主流是入世的，因为中国人有办法来解决自己如何永恒的问题。怎么永恒？首先它有一个伦理，在中国伦理是准宗教。怎么才能不死呢？要立德、立言、立功，所谓"三立""三不朽"。一是"立德"，即要有美好的德行，有了好的德行以后就会精神不死。周恩来德行高尚，所以虽然他逝世多年，人们还是永远地怀念他，周恩来"永远活在人们心中"。"活在人们心中"一句，翻译出来会令西方人感觉莫名其妙。他们问中国人是不是有神论者，说一个人活在人心中，他死了怎么活在人心中？这是一种文化理解。文字上只能翻译成人们永远不忘记他，never forget，而不是说他真的还是live或者alive，那是不行的。二是"立言"，要把自己的思想在著作中流传下去。孔子虽然去世那么多年了，人们捧读《论语》，仍会想到这是有关孔子的书。三是"立功"，建功立业。秦始皇虽然做了那么多的坏事，但他统一了中国，建造了长城，现在大家看到长城就想到秦始皇。那么问题来了，以上都是一些英雄人物、文化英雄，最难解决的问题是什么呢？是普通老百姓怎么才能不死。宗教之所以有那么大的魅力，是因为它在某些层面回答了普通老百姓关于生死的问题。所以大家都去敬香、去做礼拜。中国没有宗教怎么办？没关系。中国有伦理，中国伦理最重视什么？前面我说过中国文化第一要素是血缘，血缘关系。中国的血缘，使中国人生活的逻辑和西方不一样。我们都知道，中国人的姓名是姓在前名在后，西方人是名在前姓在后。这个姓意味着什么？姓是一个血缘大动脉。我姓樊，虽然我的祖先很久以前就已经去世了，但是我的身上还流淌着他们的血，祖先的血。只要这个家族子子孙孙繁衍下去，祖先的生命就在后辈人身上延续着、闪耀着。所以中国人总说"不孝有三，无后为大"。这是传统伦理。为什么传统伦理讲"无后为大"？因为一旦无后，血脉就通不下去，血脉无法相通、无法延续，这当然是最大的不孝了。中国人骂人最重的另外一句话叫断子绝孙。为什么叫断子绝孙？因为不能让祖先永垂不朽，祖先在这个时候才真正死亡。诗人臧克家在诗中写道："有的人活着，他已经死了；有的人死了，他还活着。"

所以，中国文化和中国人的人生意向，都牢牢地指向入世。它把价值目标、人伦关系都奠定于现世的基础上。中国文化有儒家、道家、佛家三大文化系统。儒家是什么？儒家是主流和核心，它讲"明知不可为而为之"的入世，以修身、齐家、治国、平天下为己任。道家主张隐世与避世，但这个隐世和避世是为了更成功地入世，其根本的精神是"无为而无不为"，是以避世的方法入世。史书上记载的那些隐士并未做到真正"隐"。姜太公钓鱼，他不在河边，却到一个悬崖峭壁上去钓鱼，下面没有鱼塘，更没有鱼，鱼竿上也没有鱼钩，哪能钓到鱼呢？他是要用这样一种怪异的行为引起人们的注意。所以，到最后他虽然连条小鱼都没有钓到，却钓出来周文王这条大鱼，被周文王重用了。再看诸葛亮，他表面上住在一间草房中，悠悠闲闲骑着一头小毛驴，刘备几次上门求见不理睬，表现出一副与世无争的姿态。可当刘备第三次登门的时候，他被"感动"了，于是来了一个"天下大势分久必合，合久必分"。事实上，他整天骑着一头小毛驴去干什么呢？去勘察地形。所以道家并不是真正的隐世避世，他是因为入世不得意或不得志，"知其不可奈何，而安之若命"。像老庄这些人都是由富贵走向没落的。现在有些大学生崇尚道家，要隐世，甚至玩世不恭。实际上，做隐士、做道家还要有两个条件：第一，这个人肯定要有绝世才华，没有足够的才华根本不要去效仿，否则人家找到你，你拿不出撒手锏来，啥都不会，还怎么重用你？所以，以行为古怪效仿道家十有八九是失败的，弄到最后游离于这个社会之外。第二，道家的隐士虽然潦倒、没落，可是饿死的骆驼比马大，他还是具备一定的物质基础的。

如果庄子真的整天靠向别人借粮维生的话，他还写什么《逍遥游》？还说什么大鹏展翅扶摇直上九万里？早就饿得展不动了。陶渊明也是道家，是个隐士，他"采菊东篱下，悠然见南山"，不为五斗米折腰。鲁迅就嘲笑他，说你陶渊明如果没有人为你烧饭，没有书童为你磨墨的话，你早就死在东篱之下了。不为五斗米折腰的背后是要有物质基础的。佛家是主张出世的，但是佛家的出世，其实质并不是要走出这个世界，而是要摆脱尘世以及自身情欲的困扰，达到人生的永恒。佛家往往是人生的最后一个避难所。佛家有两种：一种是智者，像金庸小说里的人物，有一种仙风道骨的境界；还有一种是因为人生不得志才觉得四大皆空。

　　总之，中国文化形成的是一个儒道佛三位一体的精神结构，这个精神结构的特征是自给自足，它和自给自足的自然经济是相适应的。中国人往往得意的时候是个儒家，失意的时候是个道家，到了绝望的时候就是个佛家。得意的时候，"春风得意马蹄疾，一日看尽长安花"。考上了大学，又想读硕士；读了硕士，还想读博士；读了博士，还想做教授，进取心很强。结果大学毕业以后呢？被分到一个企业里面去洗酒瓶，满腹牢骚。但是不要担心。西方人发生这样的情况的时候，他或者会走向精神崩溃，会自杀，所以西方自杀的事例非常多；或者他会干一件轰动的事情来引起世界的注意，这种轰动性往往都是破坏性的。当年里根被杀，是因为凶手辛克利要追求一个电影明星，而电影明星根本不理睬他，说你这个名不见经传的小毛驴还追求我？他说，一个星期以后，我干一件惊天动地的事情给你看，结果他一枪把总统给打倒了。而中国人，他也想不通也发牢骚，但渐渐他就会觉得后退一步天地宽，他会想我虽然在这儿洗酒瓶，但是比起我那些同班同学来，他们还有很多人现在还在面朝黄土背朝天，在乡下干活儿，我比上不足，比下还有余。他也能自己想通。即使到最后没办法了，万事都不顺心，那怎么办？我四大皆空，什么都是空。所以说，他无论如何都能为自己找到一个安身立命的基地。中国人安身立命的基地是很有弹性的，就像席梦思，跳下来马上又弹回去，不会死的；而西方人安身立命的基地是个水泥地，跳下来，要么就站住了，要么就死了。中国这样一个儒道佛三位一体的精神结构，就是一个人生的锦囊袋。中国人往往在年轻的时候是一个儒家，很能进取的；到了中年啊，他就开始慢慢有一些道家的苗头了；到老年的时候，儒道佛走到一起。特别是搞人文科学的，最后都有这样一种自发的倾向。现代人即便没有读过《论语》《道德经》，身上也都有传统文化的因子。中国的文人画表现的主题都是入世当中的出世。文人画画什么？画松、竹、梅、兰。松树是什么？松树的品格是"大雪压青松，青松挺且直"，等到大雪压来的时候，其他树都吃不消了，青松还挺住。梅花是什么？是"梅花欢喜漫天雪，冻死苍蝇未足奇"，到了漫天大雪的时候，其他花都不开，梅花独开。此外，典型的还有荷花，荷花它很入世，入在哪里？入在满塘淤泥当中，但它开出的花是什么样的？是非常洁白的，它有"出淤泥而不染"的品质。所以，中国文化的主题就是在入世当中达到一种出世的境界。在日本的时候有一个人曾经问我：教授，你能不能用最简单的语言表述一下什么是道德？我就告诉他，我说三个字。什么是道德？道德就是"不动心"。什么叫"不动心"？就是一种在入世当中出世的境界。

综合以上内容，得出的结论是：人生的安身立命，需要一种良好的人文素质。如果没有良好的文化涵养，没有良好的文化教养，就不能做一个自觉的中国人，不能自觉地确立自己安身立命的基地，只能是一个自发的中国人。人有的时候会迷茫，有的时候会做一些错事，在人生的过程当中，可能会遇到很多的挫折，关键在于要有足够的和合理的文化资源和文化能力来疏解它们，自我超越。我们现在的人文素质教育，存在着一些误区。过去我们经常讲政治，上纲上线；后来讲道德，讲德育课；现在又流行心理咨询，谈心理问题。这都是一些非常抽象的教育，都是专家的语言。什么叫作专家？专家最大的特征就是"片面"，当然这种"片面"不是肤浅的片面，他们片面得很深刻，即"深刻的片面"。眼科专家只懂眼科，伦理学教授不会微积分。这就是片面。但是，我们的人文素质教育只靠专家是不行的。一个人，一个完整的人，一个全面发展的人，应当是有良好的人文素质结构的人。所以，我主张把心理、法理、伦理、艺理、哲理等"五理"都统合起来，"五理"一体解决现在大学生的人文精神建构和人文素质建构问题。我们既要有一种人文精神、人本精神，考虑到每一个人的心理需要、生理需要，同时又要勇敢地承担起每个人应当负的道德责任。心理、法理、伦理必须结合，到最后，还要与艺术结合，要有一种良好的审美眼光，让我们的生活变得更加美好。

编后记

《九州天下：中国文化与中国人》是"东南大学人文讲演录"系列丛书的续集之一。该丛书和后续推出的系列，缘起于历百廿余年的东南大学悠久的人文传统和持续二十多年的文化素质教育高潮。丛书在一以贯之体现东南大学深厚的人文底蕴、反映东南大学人文教育盛况的同时，也铭记着东大人对大学文化建设和人文教育理念的探索与深度思考。

　　文化的力量，最是深沉。《易经》贲卦有云："刚柔交错，天文也；文明以止，人文也。观乎天文，以察时变；观乎人文，以化成天下。"人文以其交驳融汇、荟萃集成、向善尚美而激荡出澎湃的激情、创新的伟力和崇高的境界。21世纪初的近二十年是东南大学人文教育的"黄金时代"，"学在东大"和"人文东大"相辅相成、相得益彰。东南大学自20世纪90年代以来，继承和发扬悠久的学术演讲传统，致力于为东大学子提供一种创造性的文化生活，力邀科学巨匠、人文名家、艺术大师来校开设精品人文课程，举办高品位的讲座，组织高雅艺术进校园的活动。近二十年里，数百位人文名家和科学大师先后在东南大学登坛讲演，一时声振金陵、盛甲东南。以塑造高峰体验为特征的东南大学人文大讲座成为"学在东大"文化形象的重要标志。"华灯初上，大师入席；群生拥座，校歌声起；讲者娓娓，听者如醉；相与问答，引人入胜"，这是东大人追求博雅文化最为动人的文化生活场面。东大学子正是在享用酣畅淋漓的精神盛宴中茁壮成长，聆听高品位的人文讲座和高水平的人文课程、亲近科学与人文大师成为东大学子文化生活中不可或缺的一部分。东大学子在这种高格调文化生活中获得了"高峰体验"，养成了博大的胸怀和宏阔的视野，使自己的思维深刻、追求的境界高远。

现在想来，东南大学人文讲座为什么会独具魅力，誉满学界呢？我想主要有四个方面的原因：

一是东南大学悠久的历史和深厚的文化底蕴。这片热土上曾经走出了诸多人文名家，也曾是中国科学社、少年中国学会、学衡派等所在地。所以很多学界名家都与这里有着深厚的渊源。当年邀请台湾著名哲学家陈鼓应教授来校讲学时，他就告诉我们他的老师——著名学者方东美教授就曾在这里任教。后来陈鼓应教授为东南大学人文讲座做出了极大的贡献，许多著名学者都是他从中牵线搭桥，亲自帮忙邀请过来的。再比如著名学者、哈佛大学东亚系的李欧梵教授应邀来校参加"华英文化系列讲座"，在我们陪同他参观曾经作为中央大学音乐系琴房的梅庵时，他很激动地告诉我们，他的母亲曾在这里读过书，并就在梅庵里修习练琴。很多名家谈起当年东南大学的人文盛况时，都充满了崇敬之情，也以应邀到东南大学人文大讲座担任主讲人为荣。正因如此，"东大人文大讲座"成为一块响当当的文化品牌。

二是演讲者的学养和演讲质量之高。这些人文学术名家们毫无保留地将他们丰富的人生阅历和学术经验，熔铸在精彩的人文演讲之中，传递给青年学子。这些名家学者往往在充分准备讲演内容的基础上融会贯通、即兴发挥，通过生动具体的例子、诙谐幽默的语言，深入浅出地为我们诠释深奥的学术问题，听起来使人兴味盎然，收获甚丰。这些生动而深刻的讲演，无不凝结着他们多年乃至毕生研究的心得，真是精华所在，五彩纷呈。当时上海的《解放日报》的《思想者》栏目发现东南大学人文演讲特别精彩，后来就与东南大学开展长期合作，刊登了二十余篇演讲稿，这其中很多演讲稿都被《新华文摘》转载，在学术思想界也产生了广泛的影响。

三是东大学子诚挚的求知欲、灵透的悟性与主讲者形成的良好互动。一场成功的演讲是由讲者和听者双方合作的共同创作。那个时代学子的求知欲确实令人动容，学生听讲座时爬满窗台是经常可见的景象。记得我们邀请数学大师丘成桐教授来校做演讲讲述对中国高等教育的看法时，正值十二月中下旬。天气异常寒冷，晚上六点才正式开放发票，但闻讯赶来的同学们早上六点就排起了长队，要知道还有那么长时间才开始领票呢！有的同学甚至在领票现场打起了地铺，这种强烈的求知欲现在想起来都让人感动。那时候许多人文讲座开场前数小时，前来听讲的同学就在报告厅外排起长队，有些队伍之长想来都让人感叹。记得著名词学大师叶嘉莹教授最后一次来校访问，并应邀做"华英文化系列讲座"的大师演讲。当时安排在人文讲座报告厅举行，一般加座后可以挤进600多人，但那天的听众排的队伍足足把报告厅绕了几圈，那种壮观的场面真是让人震撼。东大学子的求知欲常给演讲者留下深刻的印象。著名历史学家、清华大学首批文科资深教授彭林先生就反复对我说过："东大学子之好，令彭某难忘。"我想正因为东大学子的勤奋好学以及拥有较高的、敏锐的理解能力，能迅速捕捉到讲者所讲的核心要义，让讲者有种酣畅淋漓之感。著名西方哲学研究专家、武汉大学国家级教学名师赵林教授，在东大以系列讲座的形式开设了"西方哲学史"国家级精品课程。赵林教授对东大学子赞赏有加，每当课堂上发挥较好进入自由境界的时候，就会相约在课后小酌庆祝。中国人民大学著名社会学家潘绥铭教授演讲之后，在邮件中感慨并深含意味地说："你们的学生是真聪明啊！"虽然很多来听讲座的都是理工科学生，但是他们的专注度、感知力、理解力都让演讲者终生难忘。

四是有一支志同道合投身于人文教育的工作团队。东大的人文教育和其他学校不太一样，更多地有种"自下而上"的主动性。除了学校层面的有力支持，更重要的是吸引了一批热心育人、对人文教育充满感情的同仁。大家虽然各自身处不同工作岗位，但都通力合作，持之以恒、不计名利地为东大人文教育事业贡献自己的力量。正是由于这些志同道合的同仁的努力，才有了东大人文教育的辉煌成就。大家也在这项工作中结下了深厚的友谊，直到现在每年都会小聚，回顾往昔，畅叙友谊。董群教授主持了数百场人文讲座，他的主持幽默缜密，往往通过几句点评精准地把讲座的精华提炼出来，给人以深刻的启迪与思考。董群教授抽出自己宝贵的时间参加接待来访的名家大师，提高了接待的学术层次和文化含量。他的这种社会关照和文化情怀，在这个讲求实用功利的时代中是极为可贵的。已故的东南大学人文学院教授、《东南大学校歌》的词作者王步高先生本身是著名古典诗词研究专家，他对文化素质教育事业倾注了大量心血，除了个人主持建设了两门文化素质教育类的国家级精品课程，还热心地帮助接待专家、联络学者、策划讲座等，他为东大的文化素质教育工作做出了极大贡献，至今想来仍令人怀念感佩。此外，陈怡、蒋建清、熊宏齐、雷威、徐悦、沈孝兵等教务处领导高度重视这项工作，对此给予了有力的支持；李昭昊、陈峰、舒晓梅、徐继红、马晓莲等同志从各个层面为东大人文教育的开展付出了热情和努力。还有一支热心于人文教育的学生工作团队，他们为相关活动的成功举办承担了繁重、琐碎和艰辛的工作，贡献了自己的力量。他们自己也在工作中获得了成长，彼此结下了深厚的友谊。

　　"文字是思想的载体，也是思想的延伸"。作为文化素质教育工作者，我们深恐随着时间推移，宝贵的精神财富因文字的阙如而流失，故而逐渐将这些名家大师的精彩演讲和上课实录辑为"东南大学人文讲演录"，内容涉及哲学、历史、文学、美学、文化、人文教育、学术人生等各领域，可谓包罗万象、囊括众学。当时东南大学人文教育盛况沉淀出丰富的精神硕果，先后出版了"人文演讲录"丛书（两卷本 江苏教育出版社）、《人文通识讲演录》（九卷本 文化艺术出版社）、"人文讲坛"丛书（六卷本 福建教育出版社）等等。此外，还有部分名家已在东大开设系列高端人文讲座后出版了专题讲演录，包括《技术哲学讲演录》（吴国盛 中国人民大学出版社）、《礼乐文明与中国文化精神——彭林教授东南大学讲演录》（彭林 中国人民大学出版社）、《西方哲学史讲演录》（赵林 高等教育出版社）等等。这些演讲集把东南大学人文讲座的盛况以文字为媒介传递出去，让更多的读者体味到东南大学独特的历史传统和文化底蕴，同时也让更多的青年学子从这些精神宝藏中获得提升。这些演讲也产生了广泛的社会影响。正如老子所说"不失其所者久，死而不亡者寿"。随着时间的推移，物质的财富终将流失，而精神的财富却会万古长存，不断地沉淀、变厚、加深。

　　此情可待成追忆，桃李自在坐春风。离开那段激情燃烧的人文教育的"黄金时期"将近十年了，每当想起那段时光，我常会感到心潮澎湃，不能自已。虽然我离开了文化素质教育的专职岗位，但是无论是在后来工作的校团委，还是在现在供职的吴健雄学院，都没有离开"文化育人"的理念与思路。就我个人的教育实践来说，随着时间的推移，越发深切地体味到人文教育事业的魅力与价值。这项事业深刻地改变了很多学子，给他们带来了境界的提升和灵魂的蜕变。东大电子学院的黄晓东教授在东大读硕结束后前往香港读博，现在已经是学术骨干，有次来吴健雄书院参加导师交流活动的时候，热情地和我打招呼。他跟我讲述了他们当年积极聆听人文讲座时的情景和收获，那种满足感溢于言表。东大生命科学与医学工程学院的王遵亮副教授已经成为学院的中坚力量，他在东大学习和生活的数年间，积极参加了学校开展的文化素质教育活动，从中受益颇深。他曾表示："我越来越深切地感受到这项长期文化工程所具有的魅力，以及它给学校所带来的变化。这种变化是潜移默化的，它给我们的学生时代留下的是一笔永恒的精神财富，同时也使我们的教育观念不断更新。"随着时间的推移，人文教育事业的深远意义和永恒价值正不断显现出来。文化素质教育事业的倡导者、著名历史学家张岂之先生谈及文化素质教育时曾说："后人会感谢我们现在所做的一切。"现在看来，这话是极有远见的。我们所从事的文化素质教育事业，也许不能在短期内显现它的社会功用，但我们深信我们所从事的工作从长远看是有其深远意义的。

近年来，很多师生除了表达人文教育事业给他们和学校带来

九州天下：中国文化与中国人

了巨大改变外，还强烈地表达了希望能发掘整理东大的人文教育资源，继续编撰"东南大学人文讲演录"系列丛书的愿望，学校应愿给予了专项支持。原本思路是编撰《东大人文讲演录》（精选本），选取数篇具有代表性和经典性的人文演讲稿，考量标准主要是学术含量、人文精神，兼顾东大渊源以及相关内容题材，补充新近整理出来的精彩人文演讲稿十余篇。后经反复斟酌与论证，为更加契合时代发展和现代青年人的特点，让更多读者受益，我们决定按专题编撰人文讲演录。编选工作坚持三个标准：其一是**人文性**。重点突出其中的人文含量和知识含量，重在精神的感发与引领，"有境界则自成高格"，有其精神力量才会使演讲稿充满思想的张力。其二是**经典性**。编选篇目严格限定在相关领域的最杰出的一批专家学者中。既注重时间的洗礼和沉淀，又注重现实和时代价值。这些演讲稿不仅内涵深厚，更重要的是凝聚着中国最优秀的人文学者名家的学术精华和人生体悟，寄托着他们对国家、民族、社会深度的人文关怀，饱含着他们对后辈学子的殷切期盼。其三是**专题性**。本次编选采取围绕专题的方法，围绕相近主题将相关人文演讲内容编选起来。这本《九州天下：中国文化与中国人》是其中的第一本，也是第一次尝试。所选演讲每讲内容都是从不同侧面和维度对该主题的深度诠释。"横看成岭侧成峰，远近高低各不同"，帮助读者从不同层面加深对相关主题的理解。

著名出版人冯俊文先生策划出版了享誉世界的历史学家许

倬云先生的多部作品，其中很多都成为畅销著作。当他了解到东南大学丰富的人文教育资源后，以出版人特有的敏锐力和行动力推动将这个宝藏发掘出来，让这些人文教育资源发挥其更大的效益。在他的热心引荐下，博集天卷的秦青先生加入其中，负责具体实施。《九州天下：中国文化与中国人》的出版还要感谢老朋友东南大学出版社的副总编唐允，她以开放包容的心态，最终推动并促成了此次积极有益的合作。更要感谢书中许倬云、葛剑雄、葛兆光、李学勤、彭林、何兆武、冯骥才、樊和平（按本书目录篇目先后顺序）各位主讲者的大力支持，允许我们使用相关演讲内容。葛兆光、彭林等几位先生还再次把相关演讲内容修订润色；许倬云先生更是在多年前演讲稿的基础上，结合最新思考完全重写了这篇文章。他们的严谨细致一如十多年前，令人赞佩不已。本书的顺利出版，还要感谢东南大学教务处给予的专项支持，雷威教授和沈孝兵教授对该项目的实施给予了大力支持。

王廷信教授是艺术学理论和戏剧学方面的著名学者，曾担任国务院学位委员会艺术学理论学科评议组成员和东南大学艺术学院院长。二十年前，他在南京做博士后期间，经常来东南大学四牌楼校区聆听高端人文讲座，感觉收获颇丰。来校工作以后，积极参与学校的人文教育工作，给予了我们很多帮助与支持。王廷信教授现任中国传媒大学艺术研究院院长，他说中传的教务处处长拜访他，请教人才培养的经验。他专门给这位处长讲述了东南大学人文教育的故事，大家听后都很感动。王院长总结道："说明美好的事业总是有价值的！"这是对东南大学人文教育最好的评价。

　　谨以此书及后续系列纪念那段令人难忘的人文教育光辉岁月，衷心祝愿东南大学在建设中国特色世界一流大学的奋进道路上"人文日新、精神日盛"！

2023年12月，陆挺于东南大学

图书在版编目（CIP）数据

九州天下：中国文化与中国人 / 许倬云等著；陆
挺主编 . —南京：东南大学出版社，2024.4
ISBN 978-7-5766-0045-2

Ⅰ . ①九… Ⅱ . ①许… ②陆… Ⅲ . ①人文科学—文
集 Ⅳ . ① C53

中国版本图书馆 CIP 数据核字（2021）第 280363 号

责任编辑：唐　允　文字编辑：徐　潇　责任校对：周　菊
装帧设计：周伟伟　责任印制：周荣虎
特邀策划：秦　青　王心悦

九州天下　中国文化与中国人
Jiuzhou Tianxia　Zhongguo Wenhua Yu Zhongguoren

著　　者：许倬云等
主　　编：陆　挺
出版发行：东南大学出版社
出 版 人：白云飞
社　　址：南京四牌楼 2 号　邮编：210096　电话：025-83793330
网　　址：http://www.seupress.com
电子邮件：press@ seupress.com
经　　销：全国各地新华书店
印　　刷：三河市中晟雅豪印务有限公司
开　　本：875mm×1230mm　1/32
印　　张：7.25
字　　数：110 千
版　　次：2024 年 4 月第 1 版
印　　次：2024 年 4 月第 1 次印刷
书　　号：ISBN 978-7-5766-0045-2
定　　价：58.00 元